소셜미디어 시대에
꼭! 알아야 할 저작권

**소셜미디어 시대에
꼭! 알아야 할 저작권**

1판 3쇄 발행 2021년 7월 30일

글쓴이   김기태
펴낸이   이경민

펴낸곳   ㈜동아엠앤비
출판등록   2014년 3월 28일(제25100-2014-000025호)
주소   (03737) 서울특별시 서대문구 충정로 35-17 인촌빌딩 1층
전화   (편집) 02-392-6903   (마케팅) 02-392-6900
팩스   02-392-6902
전자우편   damnb0401@naver.com
SNS   🇫 📷 ᵇˡᵒᵍ

ISBN 979-11-6363-198-9 (03010)

소셜미디어 시대에

꼭! 알아야 할

저작권

김기태 지음

창작자가 될 것인가?
표절자가 될 것인가?

동아엠앤비

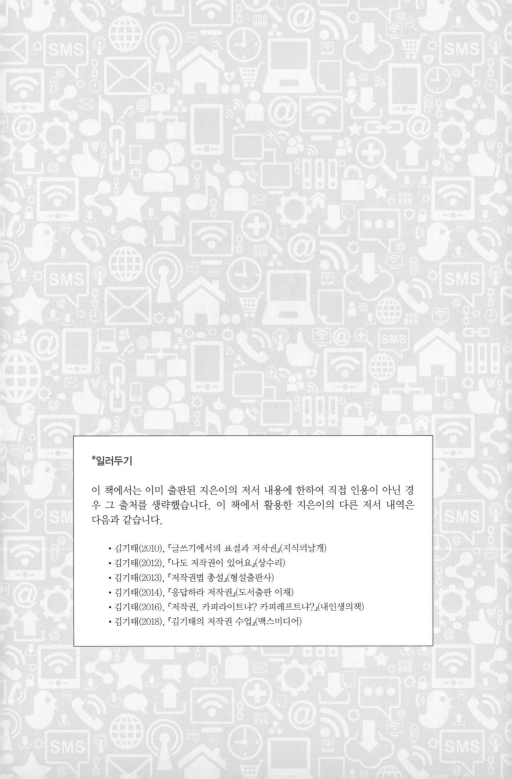

*일러두기

이 책에서는 이미 출판된 지은이의 저서 내용에 한하여 직접 인용이 아닌 경우 그 출처를 생략했습니다. 이 책에서 활용한 지은이의 다른 저서 내역은 다음과 같습니다.

- 김기태(2010), 『글쓰기에서의 표절과 저작권』(지식의날개)
- 김기태(2012), 『나도 저작권이 있어요』(상수리)
- 김기태(2013), 『저작권법 총설』(형설출판사)
- 김기태(2014), 『응답하라 저작권』(도서출판 이채)
- 김기태(2016), 『저작권, 카피라이트냐? 카피레프트냐?』(내인생의책)
- 김기태(2018), 『김기태의 저작권 수업』(맥스미디어)

🕵 시작하는 글

○ 우리는 거인의 어깨 위에 서 있는 난쟁이입니다

우리가 터전삼아 살아가는 산과 들, 그리고 강은 애초에 자연(自然, nature)이었습니다. 그런데 거기에 사람의 손길이 닿으면서 우리 환경은 자연이 아닌 문화(文化, culture)에 둘러싸이게 되었지요. 그러니까 문화란 우리 사람들이 살아가는 데 편리함을 도모하고자 자연을 바탕으로 만들어 낸 것들인 셈입니다. 이렇게 수천 년 동안 사람의 손길을 거쳐 만들어진 문화유산과 유물들이 전 세계에 퍼져 있고, 그 중에서 특별히 아름답다거나 창의적인 것들은 관광객들을 끌어들여 국가나 개인의 이익을 창출하는 수단으로 활용됩니다. 특히 예술 작품으로 여겨지는 글이나 그림, 음악은 오랜 세월이 지나도 고전(古典, classic)으로서 우리 생활을 빛나게 해줍니다.

이렇게 '자연'이 '문화'로 탈바꿈하는 과정에 등장하는 권리가 바로 '저작권'입니다. 그리고 언제 어디서든지 '저작권'에 대

6 소셜미디어 시대에 꼭! 알아야 할 저작권

해 생각할 때마다 떠오르는 말이 있습니다.

"거인의 어깨 위에 서 있는 난쟁이"

(Dwarfs standing on the shoulders of giants)

이 말은 근대 이론과학의 선구자로 유명한 '아이작 뉴튼'(Isaac Newton)이 "내가 이 세상을 멀리 볼 수 있는 것은 거인의 어깨 위에 올라서 있기 때문이다."(If I have seen further, it is by standing on the shoulders of giants.)라고 했다는 데서 유래한 것으로 알려져 있는 말이지요. 하지만 이 말은 원래 중세 프랑스의 스콜라 철학자 '샤르트르의 베르나르'(Bernard de Chartres)가 친구에게 보낸 편지글의 다음과 같은 표현에서 먼저 등장합니다.

"우리는 거인의 어깨 위에 선 난쟁이다.
따라서 그들보다 더 많이 그리고 더 먼 곳에 있는 것까지
볼 수 있지만, 이는 우리의 시야가 더 예리하거나
신체적으로 뛰어나기 때문이 아니라 거인들이
그들의 키만큼 우리를 높이 올려 주었기 때문이다."

이러한 신념을 바탕으로 베르나르는 고전을 높이 평가하고, 우리가 옛 사람보다 더 멀리 볼 수 있는 것은 고전 위에 서 있기 때문이라고 가르쳤다고 합니다. 곧 앞서 창작 행위를 한 선

배 저작자들이 난쟁이에 불과한 후배들을 거인보다 더 멀리 볼 수 있는 존재로 향상시켜 준 것이라는 진리를 사람들은 12세기에 이미 깨닫고 있었던 셈이지요. '저작권'은 바로 이러한 '거인'들에 대한 최소한의 예의를 갖추자는 의미에서 출발합니다.

우리 할머니, 할아버지 세대가 태어날 무렵까지만 해도 종이가 귀해서 책을 구하기 어려운 시절이었다고 합니다. 오죽하면 "책 도둑은 도둑도 아니다"라고 했을 정도니까요. 그렇다 보니 '글 도둑' 또한 도둑이 아닌 것처럼 여겨졌고, 글을 도둑맞은 사람도 자기 글에 대한 자부심과 명예만 간직했을 뿐 훔쳐간 사람을 탓하지 않았다고 합니다.

하지만 오늘날 예술가들의 창작 활동은 물론 학문 연구자들의 학습과 연구 활동에 있어서 윤리적인 책임과 더불어 주요한 개념으로 자리 잡은 '저작권' 문제는 이제 모든 영역에 걸쳐 지나칠 수 없는 이슈가 되고 있습니다.

선진국들은 예외 없이 저작권을 포함한 지식재산권 보호를 강화하는 법률 제정에 앞장서고 있고, 저작물을 창작하는 개인들도 자기 권리를 조금이라도 더 발휘해서 이득을 얻기 위해 안간힘을 쓰는 시대가 되었습니다. 그리하여 저작권을 침해한 사람을 상대로 벌어지는 소송이 줄을 잇는 가운데, 이른바 '표절' 의혹에 휘말린 유명인들이 여기저기서 야유에 시달리는 모습도 흔하게 볼 수 있는 시대가 되었습니다.

이 책은 지식재산권에 대한 기초 지식에서부터 저작권 행사 방법 등 권리의 구체적인 내용을 담은 부분에 이르기까지 모두 6장으로 이루어져 있습니다. 저 역시 거인의 어깨 위에 서서 혼자였다면 절대 볼 수 없었던 지식과 정보들을 얻으며 살아왔습니다. 이 책 또한 저보다 앞서 시대를 개척하고, 다각도로 연구하고, 다양한 성과를 쌓아올린 '거인'들 덕분에 세상에 나오게 되었음을 감사하게 여깁니다.

아무쪼록 이 책에서 함께 생각해 보자고 한 주제들을 끝까지 탐구함으로써 새로운 거인들이 많이 생겨나 새로운 세상을 이끌어 나가기를 기대하는 마음 간절합니다. 어깨 한 켠을 기꺼이 후배 난쟁이들에게 내어줄 수 있는 넉넉한 마음을 가진 거인들이 늘어날수록 이 세상은 더 살기 좋은 곳이 될 테니까요. 이 책이 그런 세상 만들기에 작은 디딤돌이 되기를 바라는 마음 간절합니다.

세명대학교 인문학관 연구실에서
김기태

지식재산권이란
무엇일까요?

○ 세계 시장을 뒤흔든 특허분쟁

특허분쟁 역사상 가장 유명한 사건으로는 이스트먼 코닥(코닥)과 폴라로이드 간에 벌어진 특허소송이 첫손가락에 꼽힌다. 카메라·필름 등 사진촬영용품 제조업체인 코닥과 광학기기 제조업체인 폴라로이드는 둘 다 미국 기업으로 세상 사람 누구나 아는 유명 회사들이다. 이 전쟁의 승자는 폴라로이드였다. 반면 패자인 코닥은 쓰디쓴 독배를 마실 수밖에 없었다.

소송의 서막은 1976년 4월 열렸다. 폴라로이드는 코닥이 자사의 즉석 사진 관련 특허 12개를 침해했다며 소송을 제기했다. 코닥도 즉각 반격에 나섰다. 폴라로이드가 주장하는 12개의 특허가 모두 무효라고 주장하는 소송을 낸 것이다.

특히 눈길을 끄는 것은 두 회사가 원래 동업자 사이였다는 점이다. 막대한 이해관계가 얽힌 특허권 때문에 어제의 친구가 오늘의 적으로 돌변한 셈이다. 인정사정없는 냉정한 비즈니스 세계의 적나라한 단면이 아닐 수 없다.

사연은 이렇다. 폴라로이드는 1948년 세계 최초로 즉석카메라 발명에 성공한 후 코닥과 전략적 사업 동반자 관계를 맺었다. 이 관계는 1969년까지 이어졌다. 이후 코닥은 자체적으로 즉석카메라 개발에 나섰지만 실패했다. 코닥은 포기하지 않고 한때 동반자였던 폴라로이드의 기술에 눈을 돌린다. 폴라로이드의 특허 중 무효 가능성이 높아 보이는 기술을 모방, 개량하는 연구개발 전략을 구사한 것이다. 코닥은 마침내 즉석카메라 시장 진출에 성공했다. 물론 폴라로이드가 코닥의 '도발'을 가만히 두고 볼 리는 만무했다.

양사의 특허소송이 제기된 지 꼭 10년째 되던 1985년. 1심 법원은 코닥이 폴라로이드의 특허를 침해한 사실을 인정하는 판결을 선고했다. 코닥은 1심 판결에 불복해 미국 연방항소법원(CAFC: 특허소송전담법원)과 대법원까지 소송을 끌고 갔지만 결국 모

특허분쟁으로 유명한 코닥과 폴라로이드 간 소송을 일으킨 즉석 카메라

두 패소하고 말았다. 그때가 1990년이었다.

대가는 참담했다. 코닥은 폴라로이드에 손해배상금 8억 7300만 달러를 지급해야 했다. 그걸로 끝이 아니었다. 1976년부터 1심서 패소 판결을 받은 1985년까지 판매한 1650만대의 즉석카메라를 다시 사들이는 데 5억 달러를 써야 했고, 소송료 1억 달러를 변호사에게 지불해야 했다. 더 큰 충격은 15억 달러를 투자한 공장도 폐쇄할 수밖에 없었다는 점이다. 덩달아 700여 명의 공장 근로자들도 해고되는 날벼락을 맞았다. 그야말로 일파만파의 충격파였던 셈이다. 이 특허소송의 패소로 말미암은 코닥의 총 손실액은 무려 30억 달러에 달했다.

*출처: 〈이코노미 조선〉 제80호(2011.06.01.) 김운현 기자,
"글로벌 특허전쟁②-세계시장을 뒤흔든 특허분쟁"의 일부

○ 다음 설명이 가리키는 말은 무엇인지 생각해 봅시다!

1. 자연법칙을 이용한 기술적 사상의 창작으로서 고도(高度)한 것

2. 자연법칙을 이용한 기술적 사상의 창작

3. 물품의 형상·모양·색채 또는 이들을 결합한 것으로서 시각을 통해 미감(美感)을 일으키게 하는 것

4. 자기의 상품과 타인의 상품을 식별하기 위해 사용하는 표장(標章)

5. 공공연히 알려져 있지 않고 독립된 경제적 가치를 가지는 것으로서, 합리적인 노력에 의해 비밀로 유지된 생산방법, 판매방법, 그 밖에 영업활동에 유용한 기술상 또는 경영상의 정보

6. 인간의 사상 또는 감정을 표현한 창작물

여러분은 혹시 '지식재산권'이란 말을 들어 보았나요?

지식재산권(知識財産權, Intellectual Property)에 관한 문제를 담당하는 국제연합(UN)의 전문기구인 세계지식재산권기구(WIPO)는 이를 구체적으로 "문학·예술 및 과학 작품, 연출, 예술가의 공연·음반 및 방송, 발명, 과학적 발견, 공업디자인·등록상표·상호 등에 대한 보호 권리와 공업·과학·문학 또는 예술 분야의 지적 활동에서 발생하는 기타 모든 권리를 포함한다."고 정의하고 있습니다.

아마도 선뜻 이해하기가 쉽지 않을 것입니다. 위에서 나열하

고 있는 설명을 바탕으로 자세하게 살펴보기로 하지요.[1]

발명

> "자연법칙을 이용한 기술적 사상의
> 창작으로서 고도(高度)한 것"

이는 현재 시행되고 있는 우리나라 특허법 제2조 정의 규정에 나오는 내용으로, 여기서 설명하고 있는 것은 바로 '발명(發明)'입니다. 특허법은 "발명을 보호·장려하고 그 이용을 도모함으로써 기술의 발전을 촉진하여 산업발전에 이바지함을 목적으로" 제정된 법률입니다. 이러한 특허법에 따라 심사 과정을 거쳐 발명에 대한 특허권을 얻게 되면 "특허권을 설정 등록한 날부터 특허출원일 후 20년이 되는 날까지" 영리를 목적으로 하는 사업으로서 특허발명을 실시할 권리를 독점할 수 있게 되며, 특허발명의 보호범위는 청구범위에 적혀 있는 사항에 의해 정해집니다.

곧 특허권을 얻으면 20년 동안 스스로 회사를 세워서 발명

---

1 이 부분은 '특허법원 지적재산실무소송연구회 편(2006), 『지적재산소송실무: 특허·실용신안·디자인·상표』, 박영사'를 참조하여 작성되었음.

- **출원(出願)** 특허 등을 받을 권리를 가진 사람이나 그 승계인이 권리를 받기 위해 정해져 있는 원서(願書) 곧 특허출원서를 작성하여 특허청장에게 제출하는 것.

- **실시(實施)** 물건의 발명인 경우에는 "그 물건을 생산·사용·양도·대여 또는 수입하는 행위"를, 방법의 발명인 경우에는 "그 방법을 사용하는 행위"를, 그리고 물건을 생산하는 방법의 발명인 경우에는 "그 방법에 의해 생산한 물건을 사용·양도·대여 또는 수입하는 행위".

품을 제품으로 만들어 팔 수도 있고, 다른 사람에게 특허권을 빌려주어 사용료(로열티)를 받을 수도 있다는 뜻입니다. 특허권자의 허락을 얻지 않고 발명품을 만들어 파는 사람이 있다면 그 사람은 특허권을 침해한 것이 되므로 국가로부터 처벌을 받거나 법에 따라 특허권자의 피해를 물어주어야 합니다.

그렇다면 특허권을 얻을 수 있는 발명 또는 특허에 해당하지 않는 발명이란 무엇일까요?

먼저 발명이란 말과 비슷하지만 본질적으로 그 뜻이 다른 '발견'에 대해 알아볼 필요가 있습니다. 발견은 "자연계에 이미 존재하는 물건이나 법칙을 단순히 찾아내는 것"을 뜻합니다. 발견한 사람의 창작성이 덧붙여져서 산업에 이용될 수 있는 것이 아닌 자연법칙 그 자체, 예를 들어 에너지보존법칙, 만유인력의 법칙 등은 발명이 될 수 없다는 뜻이기도 합니다. 또 악기 연주법이나 야구에서 투수가 공을 던지거나 타자가 공을 치는 특이한 방법 등은 개인이 열심히 연습하면 이룰 수 있는 것이어서 객관적 지식으로 다른 사람에게 전달되기 어렵다는 점에서 발

| 심사 절차 |

• STEP 1 •
방식심사
출원의 주체, 법령이 정한 방식상
요건 등 절차의 흠·결의 유무를 점검

• STEP 2 •
출원공개
특허출원에 대하여
그 출원일로부터
1년 6월이 경과한 때 또는
출원이의 신청이 있는 때는
기술 내용을 공개,
공보에 개재하여
일반인에게 공개

• STEP 5 •
등록공고
특허결정되어
특허권이 설정 등록되면
그 내용을 일반인에게
공개

• STEP 4 •
특허결정
심사 결과 거절 이유가
존재하지 않을 시에는
특허결정서를
출원인에게 통지

• STEP 3 •
실체심사
발명의 내용 파악,
선행기술 조사 등을 통해
특허 여부를 판단

©특허청 홈페이지
(http://www.kipo.go.kr/, 2019.01.13. 접속)

명이 될 수 없다고 합니다. 심미적 활동의 결과물인 예술품 창작 방법도 마찬가지입니다.

또한 산업에 이용할 수 없는 발명도 특허를 받을 수 없습니다. 예를 들어, 개인적 또는 실험이나 학술의 목적에만 이용할 수 있고, 업으로서 반복하여 실시할 가능성이 없는 발명은 산업에서 이용할 수 없기 때문에 특허의 대상이 되지 못합니다.

나아가 현실적으로 실시할 수 없는 것이 명백한 발명도 특허권을 얻을 수 없습니다. 이론적으로는 가능하지만 현실적으로는 불가능한 발명을 말하는데, 누군가 '오존층의 감소에 따른 자외선 증가를 방지하기 위해 지구 표면 전체를 자외선 흡수 플라스틱 필름으로 둘러싸는 방법'에 대해 특허권을 달라고 한다면 어떨까요?

또 다른 예로는 의료 행위에 관한 발명도 특허의 대상이 될 수 없다고 합니다. 곧 "인간의 질병을 진단, 처치, 경감, 치료, 예방하는 방법으로 이루어진 의료 행위"는 특허권을 얻을 수 없다는 뜻이지요. 하지만 직접적인 인간의 질병에 관한 의료 행위가 아닌 그것에 사용되는 기계나 장치의 발명에는 특허권이 주어집니다. 다음과 같은 법원의 판결 내용을 보면 쉽게 이해할 수 있을 것입니다.

> "온구기(아픈 곳을 뜨겁게 뜸질하는 기구)를 사용하여 사람의
> 등 부위의 경혈과 배 부위의 경혈을 자극하는 방법에

관한 특허출원이, 사람의 질병을 치료, 경감하고 예방하거나 건강을 증진시키는 의료 행위에 관한 것이고, 인체를 필수 구성요소로 하고 있는 것으로서 산업에 이용할 수 있는 발명이라 할 수 없어 특허의 대상이 될 수 없다."

– 특허법원 2005. 6. 23. 선고 2004허7242 판결, 상고

"모발의 웨이브 방법에 관한 발명은 인체를 필수 구성요소로 하고는 있지만 의료 행위가 아니라 미용 행위에 해당하므로 산업상 이용할 수 있는 발명에 속한다."

– 특허법원 2004. 7. 15. 선고 2003허6104 판결, 확정

그밖에 "공공의 질서 또는 선량한 풍속에 어긋나거나 공중의 위생을 해칠 우려가 있는 발명"도 특허를 받을 수 없습니다.

한편, 특허권의 중요한 요건은 이른바 '신규성' 또는 '진보성'에 있습니다. 즉, 특허제도는 기술을 공개한 대가로 독점권이 있는 권리를 부여하는 것이므로, 이미 알려져 있는 기술에 대하여는 특허권을 주지 않습니다. 곧 특허로 출원된 발명이 이미 알려져 있는 기술로부터 쉽게 끄집어낼 수 있는 창작일 경우에는 특허를 받을 수 없다는 뜻이기도 하지요. 이러한 것들은 심사 과정에서 전문가들이 가려내게 됩니다.

이상의 내용을 요약하면 특허권의 대상이 되는 발명은 산업

에 이용할 수 있어야 하며(산업상 이용가능성), 출원하기 전에 이미 알려진 기술이 아니어야 하고(신규성), 선행기술과 다른 것이라 하더라도 그 선행기술로부터 쉽게 생각해낼 수 없는 것이어야(진보성) 합니다. 그리고 국제출원을 하게 되면 다른 나라에서도 특허권을 행사할 수 있습니다.

 ## 고안

"자연법칙을 이용한 기술적 사상의 창작"

이 설명은 우리나라 실용신안법 제2조 정의 규정에 나오는 내용으로 '고안(考案)'을 가리킵니다. 실용신안법은 "실용적인 고안을 보호·장려하고 그 이용을 도모함으로써 기술의 발전을 촉진하여 산업발전에 이바지함을 목적으로" 제정된 법률입니다.

이러한 실용신안법에 따라 심사 과정을 거쳐 고안에 대한 실용신안권을 얻게 되면 "실용신안등록출원일 후 10년이 되는 날까지" 영리를 목적으로 하는 사업으로서 실용신안권을 독점할 수 있게 됩니다.

그런데 설명을 보면 앞의 '발명'에 대한 것과 별로 차이가 없는 것을 알 수 있지요. "자연법칙을 이용한 기술적 사상의 창작"이라는 부분이 같으며, 다만 발명의 경우에는 '고도한 것'이라는 말이

덧붙어 있을 뿐입니다. 그러나 고도한 것이냐 아니냐 하는 것은 주관적인 판단이므로 심사 실무에 있어서는 출원인에게 그 판단을 맡기고 있습니다. 즉, 출원인이 특허로 출원한 것은 '발명'으로, 실용신안으로 출원한 것은 '고안'으로 보고 심사한다는 뜻입니다.

쉽게 말해 아직까지 세상에 선보인 적이 없는 매우 뛰어난 '발명'에 대해서는 특허권을 주고, 그보다는 약하지만 산업발전에 도움이 될 만한 '작은 발명' 즉, 기술의 '고안'에 대해서는 실용신안권을 준다고 생각하면 됩니다. 좀더 쉽게 말해서 실용신안은 "이미 발명된 것을 응용하여 더 편리하고 유용하게 개량한 것에 주어지는 권리"인 셈이지요. 예를 들어, '연필'이 발명으로서의 특허에 해당한다면 '지우개 달린 연필'은 실용신안이 된다고 보면 됩니다.

디자인

"물품의 형상·모양·색채 또는 이들을 결합한 것으로서
시각을 통해 미감(美感)을 일으키게 하는 것"

여기서 설명하고 있는 것은 바로 '디자인'입니다. 이는 "디자인의 보호와 이용을 도모함으로써 디자인의 창작을 장려하여 산업발전에 이바지함을 목적으로" 제정된 디자인보호법 제2조 정의 규정에 나오는 내용으로, 여기에는 "기록이나 표시 또는 인쇄 등에 사용하기 위해 공통적인 특징을 가진 형태로 만들어진 한 벌의 글자꼴(숫자, 문장부호 및 기호 등의 형태 포함)"로서의 '글자체'도 포함됩니다.

시각적으로 아름다운 형상의 디자인

여기서 말하는 '형상'이란 물품이 공간을 차지하고 있는 윤곽을 말하는데, 모든 디자인에는 이러한 형상이 반드시 나타나 있게 마련입니다. 또 '모양'이란 물품을 평면적으로 보았을 때 점이나 선 등의 회화적 요소를 두루 갖춘 것으로 겉에 나타나는 도안, 선도, 색 구분, 색 흐림 등을 가리킵니다.

결국 디자인보호법으로 보호되는 디자인은 형상·모양·색채 또는 이들을 결합한 것이 물품에 표현되어 있어야 하므로, 이러한 디자인권의 대상이 되는 디자인은 물품의 겉모습을 구성하며, 따라서 물품을 떠나서는 존재할 수 없는 권리라고 할 수 있습니다. 그리고 디자인을 등록 출원하여 심사 과정을 거쳐 주어지는 디자인권은 "설정등록한 날부터 발생하여 디자인등록출원일 후 20년이 되는 날까지" 행사할 수 있습니다.

이러한 디자인권의 보호범위는 디자인등록출원서의 기재사항 및 그 출원서에 첨부한 도면·사진 또는 견본과 도면에 기재된 디자인 설명에 표현된 디자인에 의해 정해집니다. 하지만 다음과 같은 디자인은 디자인권을 얻을 수 없습니다.

- 국기, 국장(國章), 군기(軍旗), 훈장, 포장, 기장(記章), 그 밖의 공공기관 등의 표장과 외국의 국기, 국장 또는 국제기관 등의 문자나 표지와 동일하거나 유사한 디자인
- 디자인이 주는 의미나 내용 등이 일반인의 통상적인 도덕관념이나 선량한 풍속에 어긋나거나 공공질서를 해칠 우려가 있는 디자인

- 타인의 업무와 관련된 물품과 혼동을 가져올 우려가 있는 디자인
- 물품의 기능을 확보하는 데에 불가결한 형상만으로 된 디자인

상표

> "자기의 상품과 타인의 상품을 식별하기 위해
> 사용하는 표장(標章)"

여기서 설명하고 있는 것은 바로 '상표'로, "상표를 보호함으로써 상표 사용자의 업무상 신용 유지를 도모하여 산업발전에 이바지하고 수요자의 이익을 보호함을 목적으로" 제정된 현행 상표법 제2조 정의 규정의 내용입니다.

이를 좀더 구체적으로 설명하면 "상품을 생산·가공·증명 또는 판매하는 것을 업으로 삼은 사람이 자기 업무와 관련된 상품을 다른 사람의 상품과 구별하기 위해 사용하는 기호·문자·도형·소리·냄새·입체적 형상이나 홀로그램·동작 또는 색채 등으로서 그 구성이나 표현방식에 상관없이 상품의 출처(出處)를 나타내기 위해 사용하는 모든 표시"를 말합니다.

여기서 "상품을 생산·가공·증명 또는 판매하는 것을 업으로" 삼았다는 것은 계속적으로 또는 반복적으로 일정한 사업을 유지하는 것을 말하지만, 반드시 영리를 목적으로 해야 한다는

뜻은 아니므로 비영리법인이나 자선단체 운영자도 상표권을 얻을 수 있습니다. 그리고 이러한 상표권은 "설정 등록이 있는 날부터 10년"동안 보호되며, '존속기간 갱신등록신청'에 의해 10년씩 갱신할 수 있습니다. 아울러 등록상표의 보호범위는 상표등록출원서에 적은 상표 및 기재사항에 따라 정해집니다.

결국 상표는 '상품'에 '사용'되는 것이지요. 여기서 '상품'은 대법원(2004. 5. 28. 선고 2002후123 판결)에 따르면 "그 자체가 교환가치를 가지고 독립된 상거래의 목적물이 되는 물품"입니다. 따라서 전기, 열, 빛, 향기와 같은 무체물, 특허권과 같은 권리, 부동산, 개인이 소장하고 있는 골동품, 법적으로 거래가 금지되는 마약, 음식점에서 제공되는 요리나 견본과 같이 유통될 수 없는 물품 등은 상품이라고 할 수 없습니다.

하지만 산소, 수소, 천연가스 등 그 자체는 무체물이라고 하더라도 이것들이 용기에 담겨 거래 대상이 되는 경우이거나, 다운로드할 수 있는 컴퓨터소프트웨어와 같이 유체물인지 그렇지 않은지 애매한 경우에도 실제로 거래가 이루어지고 있다면 상표법에서 말하는 상품이 될 수 있습니다. 아울러 상표의 '사용'이란 "상품 또는 상품의 포장에 상표를 표시하는 행위", "상품 또는 상품의 포장에 상표를 표시한 것을 양도 또는 인도하거나 양도 또는 인도할 목적으로 전시·수출 또는 수입하는 행위" 그리고 "상품에 관한 광고·정가표·거래서류, 그 밖의 수단에 상표를 표시하고 전시하거나 널리 알리는 행위"를 가리킵니다.

한편 상표의 종류에는 다음과 같은 것들이 있습니다.

- **문자상표** 한글 · 한자 · 로마자 · 외국어 · 숫자 등의 문자로 구성된 상표.
- **입체상표** 상품, 상품의 포장이나 광고 자체의 입체적인 형상을 도안화한 것 또는 기하학적 도형으로 구성된 상표.
- **결합상표** 기호 · 문자 · 도형 · 입체적 형상 중 두 가지 이상을 결합하거나 이들 각각에 색채를 결합하여 구성한 상표.
- **색채상표** 색채만으로 구성된 상표는 인정되지 않으므로 기호 · 문자 · 도형 · 입체적 형상 또는 이들을 결합한 것에 색채를 가미한 상표.

문자상표

그밖에 상표와 함께 쓰이는 유사한 용어들을 정리하면 다음과 같습니다.

- **단체표장** 상품을 생산·제조·가공·판매하거나 서비스를 제공하는 자가 공동으로 설립한 법인이 직접 사용하거나 그 소속 단체원에게 사용하게 하기 위한 표장.
- **지리적 표시** 상품의 특정 품질·명성 또는 그 밖의 특성이 본질적으로 특정지역에서 비롯된 경우에 그 지역에서 생산·제조 또는 가공된 상품임을 나타내는 표시.
- **증명표장** 상품의 품질, 원산지, 생산방법 또는 그 밖의 특성을 증명하고 관리하는 것을 업으로 하는 자가 타인의 상품에 대하여 그 상품이 품질, 원산지, 생산방법 또는 그 밖의 특성을 충족한다는 것을 증명하는 데 사용하는 표장.
- **업무표장** 영리를 목적으로 하지 아니하는 업무를 하는 자가 그 업무를 나타내기 위하여 사용하는 표장.

상표등록을 받을 수 없는 상표(상표법 제34조)

1. 국가의 국기(國旗) 및 국제기구의 기장(記章) 등에 하나에 해당하는 상표
2. 국가·인종·민족·공공단체·종교 또는 저명한 고인(故人)과의 관계를 거짓으로 표시하거나 이들을 비방 또는 모욕하거나 이들에 대한 평판을 나쁘게 할 우려가 있는 상표

3. 국가·공공단체 또는 이들의 기관과 공익법인의 비영리 업무나 공익사업을 표시하는 표장으로서 저명한 것과 동일·유사한 상표. 다만, 그 국가 등이 자기의 표장을 상표등록출원한 경우에는 상표등록을 받을 수 있다.

4. 상표 그 자체 또는 상표가 상품에 사용되는 경우 수요자에게 주는 의미와 내용 등이 일반인의 통상적인 도덕관념인 선량한 풍속에 어긋나는 등 공공의 질서를 해칠 우려가 있는 상표

5. 정부가 개최하거나 정부의 승인을 받아 개최하는 박람회 또는 외국 정부가 개최하거나 외국 정부의 승인을 받아 개최하는 박람회의 상패·상장 또는 포장과 동일·유사한 표장이 있는 상표. 다만, 그 박람회에서 수상한 자가 그 수상한 상품에 관하여 상표의 일부로서 그 표장을 사용하는 경우에는 상표등록을 받을 수 있다.

6. 저명한 타인의 성명·명칭 또는 상호·초상·서명·인장·아호(雅號)·예명(藝名)·필명(筆名) 또는 이들의 약칭을 포함하는 상표. 다만, 그 타인의 승낙을 받은 경우에는 상표등록을 받을 수 있다.

7. 선출원(先出願)에 의한 타인의 등록상표(등록된 지리적 표시 단체표장은 제외한다)와 동일·유사한 상표로서 그 지정 상

품과 동일·유사한 상품에 사용하는 상표

8. 선출원에 의한 타인의 등록된 지리적 표시 단체표장과 동일·유사한 상표로서 그 지정 상품과 동일하다고 인식되어 있는 상품에 사용하는 상표

9. 타인의 상품을 표시하는 것이라고 수요자들에게 널리 인식되어 있는 상표(지리적 표시는 제외한다)와 동일·유사한 상표로서 그 타인의 상품과 동일·유사한 상품에 사용하는 상표

10. 특정 지역의 상품을 표시하는 것이라고 수요자들에게 널리 인식되어 있는 타인의 지리적 표시와 동일·유사한 상표로서 그 지리적 표시를 사용하는 상품과 동일하다고 인정되어 있는 상품에 사용하는 상표

11. 수요자들에게 현저하게 인식되어 있는 타인의 상품이나 영업과 혼동을 일으키게 하거나 그 식별력 또는 명성을 손상시킬 염려가 있는 상표

12. 상품의 품질을 오인하게 하거나 수요자를 기만할 염려가 있는 상표

13. 국내 또는 외국의 수요자들에게 특정인의 상품을 표시하는 것이라고 인식되어 있는 상표(지리적 표시는 제외한다)와 동일·유사한 상표로서 부당한 이익을 얻으려 하거나

그 특정인에게 손해를 입히려고 하는 등 부정한 목적으로 사용하는 상표

14. 국내 또는 외국의 수요자들에게 특정 지역의 상품을 표시하는 것이라고 인식되어 있는 지리적 표시와 동일·유사한 상표로서 부당한 이익을 얻으려 하거나 그 지리적 표시의 정당한 사용자에게 손해를 입히려고 하는 등 부정한 목적으로 사용하는 상표

15. 상표등록을 받으려는 상품 또는 그 상품의 포장의 기능을 확보하는 데 꼭 필요한(서비스의 경우에는 그 이용과 목적에 꼭 필요한 경우를 말한다) 입체적 형상, 색채, 색채의 조합, 소리 또는 냄새만으로 된 상표

16. 세계무역기구 회원국 내의 포도주 또는 증류주의 산지에 관한 지리적 표시로서 구성되거나 그 지리적 표시를 포함하는 상표로서 포도주 또는 증류주에 사용하려는 상표. 다만, 지리적 표시의 정당한 사용자가 해당 상품을 지정상품으로 하여 상표법 제36조 제5항에 따른 지리적 표시 단체표장 등록출원을 한 경우에는 상표등록을 받을 수 있다.

17. 「식물신품종보호법」 제109조에 따라 등록된 품종 명칭과 동일·유사한 상표로서 그 품종 명칭과 동일·유사한

상품에 대하여 사용하는 상표

18. 「농수산물 품질관리법」제32조에 따라 등록된 타인의 지리적 표시와 동일·유사한 상표로서 그 지리적 표시를 사용하는 상품과 동일하다고 인정되는 상품에 사용하는 상표

19. 대한민국이 외국과 양자간 또는 다자간으로 체결하여 발효된 자유무역협정에 따라 보호하는 타인의 지리적 표시와 동일·유사한 상표 또는 그 지리적 표시로 구성되거나 그것을 포함하는 상표로서 지리적 표시를 사용하는 상품과 동일하다고 인정되는 상품에 사용하는 상표

20. 동업·고용 등 계약관계나 업무상 거래관계 또는 그 밖의 관계를 통하여 타인이 사용하거나 사용을 준비 중인 상표임을 알면서 그 상표와 동일·유사한 상표를 동일·유사한 상품에 등록출원한 상표

21. 조약 당사국에 등록된 상표와 동일·유사한 상표로서 그 등록된 상표에 관한 권리를 가진 자와의 동업·고용 등 계약관계나 업무상 거래관계 또는 그 밖의 관계에 있거나 있었던 자가 그 상표에 관한 권리를 가진 자의 동의를 받지 아니하고 그 상표의 지정 상품과 동일·유사한 상품을 지정 상품으로 하여 등록출원한 상표

영업비밀

> "공공연히 알려져 있지 아니하고
> 독립된 경제적 가치를 가지는 것으로서
> 합리적인 노력에 의하여 비밀로 유지된 생산방법,
> 판매방법, 그 밖에 영업활동에 유용한 기술상
> 또는 경영상의 정보"

여기서 설명하고 있는 것은 "국내에 널리 알려진 타인의 상표·상호(商號) 등을 부정하게 사용하는 등의 부정경쟁행위와 타인의 영업비밀을 침해하는 행위를 방지하여 건전한 거래질서를 유지함을 목적으로" 제정된 '부정경쟁방지 및 영업비밀보호에 관한 법률' 제2조 정의 규정에서 다루고 있는 '영업비밀'입니다. 이러한 영업비밀을 제3자가 부당한 방법으로 유출하거나 이용하는 행위는 벌칙과 함께 손해배상 해야 하는 범죄가 됩니다.

이상에서 살펴본 특허권, 실용신안권, 디자인권, 상표권 등을 지식재산권 중에서도 일반적으로 산업재산권이라고 합니다. 이러한 산업재산권은 앞서 특허권에서 살펴본 것처럼 '출원 → 심사 → 출원공개 → 결정 → 등록' 등의 과정을 거치게 됩니다. 그리고 이러한 산업재산권 취득을 위한 업무를 대행해 주는 전문직업인을 가리켜 '변리사'라고 합니다.

| 등록신청 절차도 |

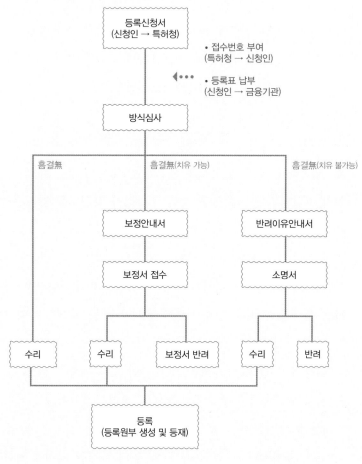

등록신청서
(신청인 → 특허청)

• 접수번호 부여
(특허청 → 신청인)

• 등록표 납부
(신청인 → 금융기관)

방식심사

흠결無　　　흠결無(치유 가능)　　　흠결無(치유 불가능)

보정안내서　　　반려이유안내서

보정서 접수　　　소명서

수리　　수리　　보정서 반려　　수리　　반려

등록
(등록원부 생성 및 등재)

©특허청 홈페이지
(http://www.kipo.go.kr/, 2019.01.13. 접속)

여기서 '산업재산권 등록'이란 산업재산권(특허권·실용신안권·디자인권·상표권)에 관한 권리의 발생·변경·소멸, 그 밖의 산업재산권에 대한 일정한 사항을 특허청장의 직권이나 당사자의 신청 또는 법원 등 국가기관의 촉탁에 의해 특허청에 비치한 등록원부에 기재하는 것 또는 기재된 사항을 모두 가리키는 말입니다.

아울러 '등록원부'란 특허청장이 산업재산권 및 그에 관한 권리에 대해 법령에서 정하는 소정의 등록사항을 기재하기 위해 특허청에 비치하는 공적 장부를 말합니다. 산업재산권에 관한 등록원부에는 다음과 같은 것들이 있으며, 각 등록원부에는 신탁원부가 별도로 존재합니다. 그리고 특허발명의 명세서 및 도면, 디자인의 도면과 상표를 표시하는 서류는 등록원부의 일부로 봅니다.

변리사란 어떤 직업일까요?

변리사는 지식재산권의 전 과정을 대리하거나 감정하고, 관련된 전반적인 사무를 담당하는 전문직 자격 또는 자격을 갖춘 사람을 말합니다. 한국에서는 1961년에 변리사법이 제정되었으며, 1963년부터 변리사 시험제도가 완전히 정착되었습니다. 산업재산권의 분쟁 사건 대리, 심판의 심결에 대

해 소제기를 할 때의 대리, 권리의 설정 대리, 산업재산권의
자문 또는 관리업무 등을 담당합니다. 그 자격은 만 20세 이
상의 대한민국 국민으로서 다음 세 항목 가운데 하나에 해
당되는 사람이어야 합니다.

① 변리사 시험에 합격하여 1년 이상 실무 실습을 마치고 전형
에 합격한 사람

② 변호사법에 의하여 변호사 자격을 가진 사람으로서 변리
사 등록을 한 사람

③ 특허청에서 3급 이상의 공무원으로서 통산하여 5년 이상
심판 및 심사 사무에 종사한 사람

한국에 변리사 시험제도가 처음 실시된 것은 1947년이며 본
격적으로 시험제도가 정착된 것은 1961년 변리사법이 제정
(1961. 12. 23, 법률 제864호), 시행된 뒤인 1963년부터라고 할 수
있습니다. 1981년부터 변리사 시험의 응시자격에서 학력 및
경력의 제한이 없어졌으며 1988년에는 3차 시험인 면접시험
이 폐지되었습니다.

최근 산업재산권의 국제화와 지식재산권 분쟁 및 급속하게
발전하는 첨단기술과 이에 따른 특허출원의 급증으로 인해

변리사의 역할이 커지고 있습니다. 이런 점에서 전문지식을 갖춘 특허 변호사(patent attorney)와 단순업무를 담당하는 특허 대행인(patent agent)을 구분하고 있는 미국처럼 변리사 활동 영역의 세분화, 변리사 재교육의 정례화 등을 통해 전문성을 높이고 이공계 출신의 변리사를 늘리기 위한 제도적 장치가 요구되고 있습니다.

© 다음백과

저작물

"인간의 사상 또는 감정을 표현한 창작물"

이는 '저작물'에 대한 설명입니다. "저작자의 권리와 이에 인접하는 권리를 보호하고 저작물의 공정한 이용을 도모함으로써 문화 및 관련 산업의 향상 발전에 이바지함을 목적으로" 제정된 저작권법 제2조에서 규정하고 있는 것으로, 앞에서 살펴본 산업재산권과의 가장 큰 차이점이라면 저작권법의 보호를 받는 저작물이 되기 위해 반드시 등록해야 할 필요가 없다는

| 지식재산권 체계도 |

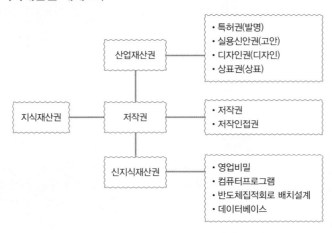

것입니다.

즉, 산업재산권은 특허청이라는 기구를 통해 심사를 받고 등록이 완료되어야만 권리가 발생했지만 저작물의 경우에는 '창작과 동시에' 저작권이 발생하므로 별도의 절차를 이행할 필요가 없다는 뜻입니다. 이와 관련하여 저작권법에서는 "저작권은 저작물을 창작한 때부터 발생하며 어떠한 절차나 형식의 이행을 필요로 하지 아니한다."라고 규정하고 있는데, 앞으로 우리는 이러한 저작물과 저작권에 대해 매우 자세하게 살펴볼 것입니다.

오늘날 우리가 사는 세상은 온갖 지식과 정보를 바탕으로 발전하고 있습니다. 이러한 지식과 정보는 새로운 아이디어를 통한 창의적인 활동의 결과물들이라고 할 수 있는데, 그 경제적 가치가 점점 높아지고 있지요. 그리하여 오늘날에는 '지식재산권'이란 걸 만들어 적극 보호하기에 이르렀습니다. 저작권은 바로 이러한 지식재산권 중 하나입니다.

결국 지식재산권은 특허권, 실용신안권, 디자인권, 상표권 등으로 이루어진 산업재산권과 저작권으로 나뉜다고 보면 되겠습니다. 산업재산권이 일반 산업의 발전을 도모할 목적으로 주어지는 권리라면 저작권은 일반 산업보다는 문화와 그것을 둘러싸고 있는 관련 산업의 향상과 발전을 위해 주어지는 권리라는 점에서 다릅니다.

요약해
볼까요

1장 '지식재산권이란 무엇일까요?'는 세계지식재산권기구에서 "문학·예술 및 과학 작품, 연출, 예술가의 공연·음반 및 방송, 발명, 과학적 발견, 공업디자인·등록상표·상호 등에 대한 보호 권리와 공업·과학·문학 또는 예술 분야의 지적 활동에서 발생하는 기타 모든 권리를 포함한다."고 정의하고 있는 '지식재산권'을 소개하고 있습니다. 발명, 고안, 디자인, 상표, 영업비밀 그리고 저작권에 이르기까지 다양한 지식재산권이 왜 생겨났고, 법을 만들어 보호하는지 생각해 보게 합니다.

····1 '발명'에서는 "자연법칙을 이용한 기술적 사상의 창작으로서 고도한 것"이란 무엇인지 살펴봅니다. 곧 발명은 특허법에 따라 보호받는 권리입니다. 특허법에서 정한 심사 과정을 거쳐 발명에 대한 특허권을 얻게 되면 20년 동안 영리를 목적으로 하는 사업으로서 특허권을 독점할 수 있게 됩니다.

····2 '고안'에서는 "자연법칙을 이용한 기술적 사상의 창작"이란 무엇인지 살펴봅니다. 곧 고안은 실용신안법에 따라 보호받는 권리입니다. 실용신안법에서 정한 심사 과정을 거쳐 고안에 대한 실용신안권을 얻게 되면 10년 동안 영리를 목적으로 하는 사업으로서 실용신안권을 독점할 수 있게 됩니다.

····3 '디자인'에서는 "물품의 형상·모양·색채 또는 이들을 결합한 것으로서 시각을 통해 미감을 일으키게 하는 것"이란 무엇인지 살펴봅니다. 곧 디자인은 디자인보호법에 따라 보호받는 권리입니다. 디자인

보호법에 따라 디자인권을 얻게 되면 20년 동안 권리를 독점할 수 있습니다.

•••4 '상표'에서는 "자기의 상품과 타인의 상품을 식별하기 위해 사용하는 표장"에 대해 살펴봅니다. 곧 상표는 상표법에 따라 보호받는 권리입니다. 상표법에 따라 상표권을 얻게 되면 10년 동안 권리를 독점할 수 있으며, '존속기간갱신등록신청'에 의해 10년씩 권리를 연장할 수 있습니다.

•••5 '영업비밀'에서는 "공공연히 알려져 있지 아니하고 독립된 경제적 가치를 가지는 것으로서, 합리적인 노력에 의하여 비밀로 유지된 생산방법, 판매방법, 그 밖에 영업활동에 유용한 기술상 또는 경영상의 정보"에 대해 살펴봅니다. 곧 영업비밀은 부정경쟁방지 및 영업비밀 보호에 관한 법률에 따라 보호받는 권리입니다. 이러한 영업비밀을 제3자가 부당한 방법으로 유출하거나 이용하는 행위는 벌칙과 함께 손해배상을 해야 하는 범죄가 됩니다.

•••6 '저작물'에서는 "인간의 사상 또는 감정을 표현한 창작물"에 대해 살펴봅니다. 곧 저작물을 창작한 사람은 저작권법에 따라 보호를 받게 됩니다. 이러한 저작권과 산업재산권의 가장 큰 차이점은 등록에 있습니다. 산업재산권은 특허청이라는 기구를 통해 심사를 받고 등록이 완료되어야만 권리가 발생했지만, 저작물의 경우에는 '창작과 동시에' 저작권이 발생하므로 별도의 등록절차를 이행할 필요가 없다는 뜻입니다. 또 산업재산권이 일반 산업의 발전을 도모할 목적으로 주어지는 권리라면 저작권은 일반 산업보다는 문화와 그것을 둘러싸고 있는 관련산업의 향상과 발전을 위해 주어지는 권리라는 점에서 다릅니다.

2장

저작권이란
무엇일까요?

○ 원숭이가 찍은 사진과 저작권

한 영국인 사진작가가 인도네시아 술라웨시 섬을 여행하며 원숭이 사진을 찍고 있었다. 한 원숭이가 다가와 카메라를 낚아챘다. 나중에 카메라를 찾아보니 '나루토'라는 이름의 여섯 살 난 원숭이가 찍은 셀프 카메라 사진이 저장되어 있었다. 마치

인도네시아 술라웨시 섬의 원숭이 나루토가 찍은 사진

사람이 찍은 것 같았다. 이 사진작가는 책을 내면서 나루토가 찍은 사진을 소개했고, 이 사진은 위키미디어를 통해 전 세계에서 화제가 됐다.

사진작가는 위키미디어 등에 올라 있는 원숭이 사진이 책의 판매에 영향을 미치는 것 같아 위키미디어에 사진을 내려달라고 요청했다. 하지만 위키미디어는 원숭이가 찍은 사진은 저작권의 대상이 아니라며 사진작가의 요청을 거부했다. 미국 저작권청도 2014년 원숭이가 찍은 사진의 저작권 등록 신청을 거부했다.

복잡한 문제는 이후 발생했다. '동물을 윤리적으로 대우하는 사람'이라는 단체가 이 사진은 원숭이가 찍은 것이므로 이 사진의 권리자는 원숭이라며, 이 사진에서 발생하는 수익을 나루토를 위해 쓸 수 있게 단체가 관리할 수 있도록 해 달라는 취지의 소를 미국 법원에 제기한 것이다.

법원은 현행법의 테두리 안에서 구체적 타당성을 기해야 한다. 미국 법원은 미국 저작권법에 따라 동물이 저작권의 주체가 될 수는 없다고 하였다. 이 사건을 심리했던 1심법원은 판결문 말미에 이러한 결론이 동물 예술이 갖는 공공이익에 반한다는 원고측 주장에 대해, 그럴 수도 있지만 그러한 문제는 입법적으로 해결되어야 한다고 밝혀 놓았다.

*출처: 〈주간경향〉 1298호(2018.10.22.) 유재규 변호사,
"[법률 프리즘] 원숭이가 찍은 셀카, 저작권은 누가?" 중에서

○ 동물도 저작자가 될 수 있을까?

　태국이란 나라에서는 코끼리도 그림을 그린다고 합니다. 이렇게 특별한 코끼리가 그린 그림이 비싼 값에 팔리기도 한답니다. 조련사가 옆에서 붓에 물감을 찍어 주면 코끼리가 코로 붓을 쥐고 그림을 그리는데 추상화는 물론 구상화까지 그리는 게 가능하다고 합니다. 물론 훈련에 의해 그리는 것임에 틀림없지만, 어쨌든 붓을 쥐고 그림을 그린 건 코끼리입니다. 이렇게 그린 그림에도 저작권이 있을까요?

　코끼리의 행위는 본능적인 것입니다. 인간처럼 창의성을 바탕으로 자신의 느낌을 표현하는 것이 아니라는 말이지요. 곧 "인간의 사상 또는 감정의 표현"이라고 볼 수 없다는 점에서 저작권을 부여할 수는 없을 것으로 보입니다. 다만, 조련사 등 코끼리 소유자가 해당 그림에 대한 소유권을 주장하여 판매 등의 방법으로 이용할 수는 있지 않을까요?

그림 그리는 코끼리 ©위키미디어

○ 다음의 예시 글을 잘 살펴봅시다!

예시 1 ··· **백일장 장원 작품의 정체**
어느 대형서점에서 주최한 어린이날 백일장이 놀이공원에서 열렸습니다. 글제가 발표되고 다 쓴 글을 제출하는 시간이 되자 많은 어린이들이 아쉬워하는 표정으로 자기가 쓴 글을 내고는 긴장한 모습으로 시상식을 기다렸지요.

드디어 시상식이 시작되었고, 우레와 같은 박수를 받으며 장원 수상작이 발표되었습니다. 장원 상을 받은 어린이는 의기양양한 모습으로 자기가 쓴 동시를 낭송하기 시작했지요. 그런데 동시를 끝까지 낭송하기도 전에 여기저기서 웅성웅성 소란스러워지기 시작했습니다. 도대체 무슨 일이 생긴 걸까요? 장원 상을 받은 어린이가 낭송한 동시의 내용은 다음과 같았습니다.

6학년이 되면

6학년이 되면
나도 이젠
많이 알아야겠어요

하늘빛이 파아란
그 꿈같은
파아란 마음을 알아야겠어요

수학 시간에 배운 것 말고
국어 시간에 배운 것 말고

엄마처럼 인자한
그런 마음을
나도 배워야겠어요

예시 2 ··· **어느 초등학생의 시험 답안지**
빈 칸에 알맞은 글자를 넣어 다음의 설명이 가리키는 사자성어를 완성하
세요.(1~2)

    1. 결심한 마음이 사흘을 가지 못하고 곧 느슨하게 풀어짐.

      작( )삼( ) → 작(은)삼(촌)

    2. 눈 위에 또 서리가 내린 것처럼 어려운 일이 겹쳐서 일어남.

      설( )가( ) → 설(사)가(또)

다음의 속담이 뜻하는 것은 무엇인지 써 보세요.
사공이 많으면 배가 산으로 간다.
    → 우리 모두가 힘을 합치면 이루지 못할 것이 없다.

예시 3 ··· **날씨 보도 기사**
전국 대부분 지역에 초미세먼지 주의보가 내려졌습니다. 현재 서울의 초
미세먼지 농도는 137마이크로그램으로 평상시보다 다섯 배가량 높아졌
는데요. 서울을 비롯한 전국 대부분 지역에 붉은색의 매우 나쁨 단계를
나타내고 있습니다. 오후에도 매우 나쁨 수준의 미세먼지가 계속되겠습
니다. 먼지와 미세먼지가 뒤섞여 부연 날씨가 계속되겠고 밤부터 구름이
많아지겠습니다. 낮 기온은 서울 7도, 광주 9도, 대구 10도로 비교적 온
화한 날씨가 이어지겠습니다. 기상정보였습니다.

예시 4 ··· **피천득 선생님의 글**
그리워하는데도 한 번 만나고는 못 만나게 되기도 하고, 일생을 못 잊으
면서도 아니 만나고 살기도 한다.
아사코와 나는 세 번 만났다. 세 번째는 아니 만났어야 좋았을 것이다.
오는 주말에는 춘천에 갔다 오려 한다. 소양강 가을 경치가 아름다울 것
이다.   − 피천득, '인연' 중 끝 부분

위의 예시 글을 보면 지금부터 살펴보려고 하는 '저작권'이라는 말과 함께 보호받는 저작물로서 갖추어야 할 '창작성'이 무슨 뜻을 갖고 있는지 알 수 있습니다.

저작물과 창작성

먼저 〈예시 1〉을 볼까요. 여기서 백일장에 참가한 어느 어린이는 매우 뛰어난 동시를 써내어 장원에 뽑히게 됩니다. 그런데 시상식에서 이 어린이가 낭송하는 동시의 내용을 알게 된 사람들이 수군거리는데, 그 까닭은 무엇이었을까요?

그건 바로 장원에 뽑힌 동시가 다른 사람의 작품이었기 때문입니다. 「6학년이 되면」이란 동시는 동화작가로도 유명한 권정생 선생님이 오래 전에 발표한 것으로, 이미 출판된 시집 속에 들어 있는 작품입니다. 그런데 이 어린이는 권정생 선생님의 동시를 그대로 베껴서 낸 것이 아니라 일부 표현까지 살짝 고쳐냈습니다. 잘못인 줄 알면서도 그렇게 한 걸로 보입니다.

3연을 보면 원래 동시에는 '산수 시간에 배운 것 말고 / 잇과 시간에 배운 것 말고'라고 되어 있는데 이것을 '수학 시간에 배운 것 말고 / 국어 시간에 배운 것 말고'라고 고쳤으니까요. 아마도 '산수'니 '잇과'니 하는 말들은 옛날 초등학교에서 쓰던 교과목 이름이라서 요새 쓰는 말로 살짝 고친 게 아닌가 싶습니다. 결국 매우 뛰어난 동시를 제출한 것은 맞지만 자기 스스로의 능력으로 쓴 글이 아닌 다른 사람의 노력으로 완성된 글을 훔친 것이나 마찬가지가 되고 말았던 것입니다.

〈예시 2〉의 경우에는 슬그머니 웃음이 나올지도 모르겠네요. 어느 어린이의 엉뚱하면서도 기발한 아이디어가 돋보이는 답안지니까요. 문제를 낸 선생님이 보시기에는 정답이 아닐지도 모르지만, 그렇다고 완전히 틀린 답이라고 하기에도 뭔가 찜찜한 답을 적었다고나 할까요.

작심삼일, 곧 결심한 마음이 사흘을 가지 못한다는 건 바로 얼마 가지 않아 결심을 실천하지 못하게 된다는 말인데, 아마도 답을 적은 어린이의 '작은삼촌'이 그런 성격의 인물이었던 모양입니다. '설상가상(雪上加霜)'은 또 어떤가요. 이는 눈 위에 서리가 내리는 것처럼 불행한 일이 거듭 생기는 상황을 이르는 말이니, '설사가 또' 나오려고 하는 상황 역시 설상가상 아닐까요? 그리고 "사공이 많으면 배가 산으로 간다"는 속담은 그동안 "여러 사람이 참견하거나 간섭하면 될 일도 잘 되지 않는다"는 부정적인 뜻으로 쓰였던 게 사실입니다.

하지만 이 어린이는 그런 뜻을 잘 알지 못하는 상태에서 곰곰이 생각한 끝에 기발하게도 매우 긍정적인 답을 내놓았습니다. "우리 모두가 힘을 합치면 이루지 못할 것이 없다!"라고 했는데 틀린 말은 아니지요. 사공이 많으면 굳이 배를 물에서만 가게 할 필요는 없지 않을까요. 모두 힘을 합쳐 둘러메고 산을 넘을 수도 있을 테니까요.

〈예시 3〉은 날씨에 관한 보도 기사문인데요. 어떻습니까? 누군가의 생각이나 감정이 전혀 들어 있지 않습니다. 바로 객관적인 정보들만 나열되어 있지요.

반대로 〈예시 4〉에는 오롯이 작가의 생각과 감정이 담겨 있습니다. 그리고 이 글에 나오는 단어들은 서로 긴밀하게 연결되어 있어 독자들에게 깊은 감동을 줍니다. 문학작품으로 손색이 없는 것이지요.

위의 네 가지 예시 글을 통해 각각의 특징을 살펴보았습니다. 여기서 우리는 '저작물'과 '창작성'의 관계에 대해 생각해 봐야 합니다. 앞서 살핀 것처럼 저작물이란 "인간의 사상 또는 감정을 표현한 창작물"을 가리킵니다. 예시 글 중에 〈예시 3〉을 제외하면 일단 원작자의 창작성이 느껴지는 저작물이라고 할 수 있습니다. 다만, 〈예시 1〉의 경우에는 원작자가 아닌 다른 사람이 슬그머니 글을 훔친 상황이므로 창작자가 아닌 훔친 사람에게 저작권을 인정할 수는 없습니다. 그런데 각각의 글이 간직하고 있는 수준에도 조금 차이가 있지요. 특히 〈예시 2〉의 경우에는 진지한 창작성보다는 단순히 기발한 정도의 창작성이 있을 뿐 문학작품이라고 하기에는 부족한 그 무엇이 느껴집니다.

다시 한 번 강조하지만 저작권법의 보호를 받는 저작물로 인정되기 위해서는 '인간의 사상 또는 감정을 표현한 창작물'이어야 합니다. 이 말은 저작물이 되려면 먼저 인간의 사상과 감정을 나타낸 것이어야 하므로 인간이 아닌 다른 동물의 본능적인 행동으로 만들어진 것이거나 자연 현상에 의해 만들어진 것은 저작물이 될 수 없다는 뜻입니다. 아울러 저작물에는 반드시 창작성이 있어야 합니다. 저작권의 핵심은 바로 이 '창작성'에 있는 것이지요.

다만, 어느 정도 창작성이 있어야 하는지 그 수준을 정하기는 쉽지 않습니다. 아마도 이런 점 때문에 산업재산권과는 달리 저작권은 심사 과정이나 등록 등 절차가 필요 없이 창작과 동시에 생긴다고 하는 것인지도 모릅니다. 어쨌든 "단순히 남의 것을 베끼거나 모방하지 않는 정도"를 뜻하는 것으로 이해하면 됩니다. 이는 매우 낮은 수준의 창작성, 최소한의 창작성을 뜻하는 것으로, 유명 화가의 그림이나 유명 작가의 소설이 아니라 유치원생이 그린 그림이나 일기라 하더라도 창작성이 있다면 저작물로 인정된다는 뜻이기도 합니다.

또, 저작물은 반드시 외부로 표현되어야 합니다. 표현되지 않고 머릿속에만 있는 것, 생각으로만 떠도는 것은 저작물로 보호받지 못한다는 뜻입니다. 아울러 표현된 것만 보호대상이 될 수 있으므로 그 속에 흐르는 사상이나 아이디어는 보호하지

않습니다. 하지만 이러한 표현과 아이디어를 구분하는 것은 매우 어려운 일이기도 하지요. 아이디어를 보호하지 않는다는 측면에서 예를 들면, 누군가 다른 사람의 책과 같은 제목을 써서 책을 냈지만 내용이 다르다면 이런 행위는 책의 내용을 복제한 것, 즉 표현을 베낀 것이 아니므로 저작권 침해라고 할 수 없습니다.

창작성은 반드시 다른 사람보다 먼저 만들어야 한다는 것을 뜻하는 것도 아닙니다. 다른 사람이 먼저 창작한 저작물이라고 해도 그것을 모방하지 않고 별도로 창작했다면 저작물로서의 창작성이 인정됩니다. 그렇다 보니 비슷하게 느껴지는 저작물이 다른 사람에 의해 같거나 다른 여러 가지 유형으로 창작될 수도 있습니다.

인류 역사에서 보면 오랜 옛날 문자(文字)가 없었던 시대와 문자를 손으로 베껴 쓰는 방법으로 이용했던 시대에는 저작권 이란 말 자체가 없었지만, 인쇄술의 발명으로 복제물의 대량 배포가 가능해지면서 상황은 크게 달라졌습니다. 그래서 저작권 사상이 싹튼 계기로 구텐베르크의 활자 인쇄술을 떠올리게 되는 것이지요. 실제로 대량 복제가 가능해짐으로써 저작자나 출판업자의 허락을 얻지 않은 무단복제가 성행한 것이 저작권법 제정의 결정적 계기가 되었습니다. 저작권을 영어로 '카피라이트(copyright)'라고 하는데, 이 말은 원래 '복제권'을 뜻한다는 점에서 그 어원을 쉽게 짐작할 수 있습니다.

저작권을 법으로 보호하는 이유

오늘날 저작권이란 저작물을 창작한 사람(저작자)에게 주어지는 권리를 모두 일컫는 말입니다. 그리고 권리는 '법이 인정하는 힘'이지요. 구체적으로 '저작물'에는 학술 또는 예술의 영역뿐만 아니라 우리 생활 속에서 이루어진 독창적인 표현에 해당하는 것, 즉 시 또는 소설이나 수필 등 문학작품, 학자들의 연구 결과물인 학술논문, 말로써 이루어지는 각종 강연, 클래식과 대중가요 등 각종 음악, 무대에서 상연되는 연극, 스크린에 상영되는 영화, 무용이나 발레 같은 춤, 미술의 영역에 속하는 그림이나 조각, 건축물, 사진, 지도 같은 것들이 있고, 약도나 도형, 각종 응용미술품, 심지어 컴퓨터프로그램도 있습니다.

▶ 저작물의 종류(저작권법 제4조 참고)
- 소설, 시, 논문, 강연, 연설, 각본 등을 포함하는 어문저작물
- 음악저작물
- 연극 및 무용, 무언극 등을 포함하는 연극저작물
- 회화, 서예, 조각, 판화, 공예, 응용미술저작물 등을 포함하는
  미술저작물
- 건축물, 건축을 위한 모형 및 설계도서 등을 포함하는 건축저작물
- 사진 및 이와 유사한 방법으로 제작된 것을 포함하는 사진저작물
- 영상저작물
- 지도, 도표, 설계도, 약도, 모형 등을 포함하는 도형저작물
- 컴퓨터프로그램저작물
- 그 밖에 저작물의 요건을 갖춘 모든 창작물

도자기 공예와 전통 디자인 모두 미술저작물

만일 저작권을 법으로 보호하지 않는다면 누구든지 마음대로 남의 저작물을 이용할 수 있어서 매우 편리한 점도 많을 텐데 왜 굳이 보호하려는 것일까요?

- **첫째,** 누군가가 독창성을 발휘하여 창작물을 만들어내려면 재능을 바탕으로 많은 시간과 노력이 필요하고, 경우에 따라서는 그에 따르는 비용이 든다는 점을 생각해야 합니다.
- **둘째,** 저작물을 창작한 사람보다는 그렇지 않은 사람이 훨씬 적은 시간과 노력, 그리고 비용으로 그 저작물을 손쉽게 모방할 수 있다는 점을 생각해야 합니다.
- **셋째,** 누군가 다른 사람의 저작물을 허락 없이 이용하더라도 당장 저작물 창작자의 손해로 이어지지 않는 경우가 많기 때문에 무단 이용 사실을 잘 알 수 없다는 점도 생각해야 합니다.

이렇듯 저작물을 창작한 사람에게 저작권이라는 권리를 부여해서 굳이 보호하는 이유는 "저작물은 곧 문화 발전의 원동력이 되므로 좋은 저작물이 많이 나와야 그 사회가 문화적으로 풍요로워질 수 있기 때문"이라고 할 수 있겠습니다.

그런데 만일 저작자에게 아무런 권리를 부여하지 않는다면 저작자가 장기간 노력해서 창작한 저작물을 누구든지 아무런 대가를 치르지 않고도 마음대로 이용하게 될 것이므로 저작자로서는 창작 행위를 계속하지 않을 것이 분명하고, 이는 곧 인

| 저작물 분류표 |

분류	종류	복제물 형태	비 고
어문 저작물	시(현대시, 시조, 동시), 소설, 수필(에세이, 기행문, 서간문, 일기, 콩트), 교양물, 평론, 논문, 학습물(교과서, 참고서, 시험문제), 기사, 칼럼, 연설(강연, 설교, 설법), 희곡, 시나리오, 시놉시스, 트리트먼트, 각본, TV 대본, 라디오 대본, 가사, 사용 설명서, 브로셔, 기획안 등	인쇄물, 책, CD, DVD, USB 등	
음악 저작물	대중가요, 순수음악, 국악, 동요, 가곡, 오페라, 관현악, 기악, 종교음악, 주제가 등	Tape, CD, DVD, USB 등	작사 – 어문 작곡 – 음악 편곡 – 2차적 작사 · 작곡 – 음악
연극 저작물	무용, 발레, 무언극, 뮤지컬, 오페라, 마당극, 인형극, 즉흥극, 창극 등	비디오테이프, CD, DVD, USB 등	
미술 저작물	회화(서양화, 동양화), 서예, 조소(조각, 소조), 판화, 모자이크, 공예, 응용미술(디자인, 삽화, 캐릭터, 도안, 그래픽), 만화, 로고, 포스트, 그림동화, 캐리커쳐, 십자수 도안 등	인쇄물, 사진, CD, DVD, USB 등	
건축 저작물	건축물, 건축설계도, 건축물 모형	설계도서, CD, DVD, USB 등	
사진 저작물	일반, 누드, 풍경, 인물, 광고 등	사진, CD, DVD, USB 등	
영상 저작물	극영화, 애니메이션, 방송프로그램, 기록필름, 광고, 게임 영상, 뮤직비디오, 교육용 동영상 등	비디오테이프, CD, DVD, USB 등	
도형 저작물	(특수목적)지도, 도표, 설계도(건축설계도 제외), 모형, 지구의, 약도 등	인쇄물, 책, CD, DVD, USB 등	
편집 저작물	사전, 홈페이지, 문학전집, 시집, 신문, 잡지, 악보집, 논문집, 백과사전, 교육교재, 카탈로그, 단어집, 문제집, 설문지, 인명부, 전단, 데이터베이스 등	인쇄물, 책, CD, DVD, USB 등	
2차적 저작물	원저작물을 번역 · 편곡 · 변형 · 각색 · 영상제작 그 밖의 방법으로 작성한 창작물	위 복제물 중 해당 유형	

*출처: 저작권법 시행규칙(그 밖에 컴퓨터프로그램저작물도 있음.)

류 발전의 퇴보를 가져올 것임에 틀림없습니다.

그러므로 저작권을 보호하는 이유는 권리 행사를 통해 창작을 위한 노력에 대한 적절한 보상을 보장함으로써 창작 행위를 계속할 수 있는 환경을 만들어 주기 위함이라고 할 수 있습니다. 다만, 저작물은 어떤 경우든 완전한 창작물이라기보다는 다른 사람의 창작 활동을 통해 영향을 받는다는 점에서 공공성 또한 매우 강하기 때문에 무조건 보호하는 것은 아닙니다. 공공의 이익과 개인의 이익을 조화시키려는 저작권법의 취지에 따라 다음과 같은 것들은 저작권법의 보호를 받지 못합니다.

▶ 보호받지 못하는 저작물(저작권법 제7조)
 – 헌법 · 법률 · 조약 · 명령 · 조례 및 규칙
 – 국가 또는 지방자치단체의 고시 · 공고 · 훈령 그 밖에
   이와 유사한 것
 – 법원의 판결 · 결정 · 명령 및 심판이나 행정심판 절차
   그 밖에 이와 유사한 절차에 의한 의결 · 결정 등
 – 국가 또는 지방자치단체가 작성한 것으로서 제1호 내지
   제3호에 규정된 것의 편집물 또는 번역물
 – 사실의 전달에 불과한 시사 보도

결국 저작권은 저작자의 창작 의욕을 북돋워 줌으로써 보다 유익한 작품을 많이 창작하게 합니다. 나아가 저작권을 행사하여 개인적으로 다양한 이익을 얻을 뿐만 아니라 문화상품의 수출을 통해 관련 산업 발전에도 큰 영향을 끼치게 됩니다.

저작자와 저작권자

○ 다음은 무엇을 나타낸 것인지 살펴봅시다!

〈1〉

> **동양 저작권 사상의 문화사적 배경 비교 연구**
>
> 초판 1쇄 인쇄 / 2014년 4월 20일
> 초판 1쇄 발행 / 2014년 4월 25일
>
> 지은이 / 김기태
> 펴낸이 / 한혜경
> 펴낸곳 / 도서출판 異彩(이채)
> 주소 / 135-953 서울특별시 강남구 영동대로 721, 1110호(청담동, 리버뷰 오피스텔)
> 출판등록 / 1997년 5월 12일 제 16-1465호
> 전화 / 02)511-1891, 512-1891
> 팩스 / 02)511-1244
> e-mail / yiche7@dreamwiz.com
> ⓒ 김기태 2014
>
> ISBN 979-11-85788-01-2 93010
>
> ※값은 뒤표지에 있으며, 잘못된 책은 바꿔드립니다.

〈2〉

① **저작권법 제10조(저작권)** : 저작자는 저작인격권과 저작재산권을 가진다.

② **저작권법 제14조(저작인격권의 일신전속성)** : 저작인격권은 저작자 일신에 전속한다.

③ **저작권법 제45조(저작재산권의 양도)** : 저작재산권은 전부 또는 일부를 양도할 수 있다.

④ **저작권법 제39조(보호기간의 원칙)** : 저작재산권은 저작자가 생존하는 동안과 사망한 후 70년간 존속한다.

우리가 책을 펼치게 되면 책의 본문이 시작되기 전이나 본문이 끝난 맨 뒤에 〈1〉과 같은 형식의 지면이 나옵니다. 이런 것을 가리켜 '간기면(刊記面)'또는 '판권면(版權面)'이라고 하는데요. 이는 책의 저작권 및 출판권과 관련된 내용을 중심으로 발행일, 쇄와 판 등의 정보를 모아 놓은 쪽(페이지)을 가리킵니다.

이때 '쇄(刷)'란 '인쇄 여부'를 나타내는 것이고 '판(版)'이란 '개정 여부'를 나타내는 말입니다. 예를 들어 '초판 1쇄'라고 하면 '처음 출판하는 책을 처음 인쇄한 것'을, '초판 2쇄'라고 하면 '처음 출판하는 책을 두 번째 인쇄한 것'을, 그리고 '재판 또는 2판 1쇄'라고 하면 '처음 출판한 책과 같은 제목이지만 내용을 개정해서 다시 출판하는 책을 처음 인쇄한 것'을 각각 가리키는 말입니다. 그러니까 만약 3판이라고 하면 2판의 내용을 고쳐서 다시 찍었다는 것이고 3쇄라고 하면 같은 내용을 세 번째 찍었다는 뜻이 되는 것이지요.

이처럼 간기면은 정식 출판물이라면 결코 생략해서는 안 되는 내용을 담고 있으므로 출판계에서는 별도 면을 할애해서 반드시 어떤 식으로든지 포함시켜야 하는 것으로 여겨져 왔습니다. 대체로 간기면에는 저작자 및 저작권자, 발행인, 발행처, 인쇄일, 발행일, 해당 책의 판과 쇄, 발행처의 주소, 연락처, 등록번호, 국제표준도서번호(ISBN), 책값 등을 수록합니다.

그 밖에 출판사에 따라 편집자 등 책을 만드는 일에 참여한 사람들의 이름이나 외주업체 정보를 넣기도 하고, 해당 책의 초판부터 현재 판과 쇄의 발행일을 모두 적기도 합니다. 또한 저작권자의 검인지(도장을 찍거나 서명을 넣은 종이)를 붙이거나 저작권자와 출판권자가 협의해서 생략하기도 하지요.

〈2〉는 저작권법 규정의 일부를 옮겨놓은 것인데요. 우선 "저작자는 저작인격권과 저작재산권을 가진다."고 하여 저작권이 저작인격권과 저작재산권으로 나뉜다는 점을 밝히고 있습니다. 다음으로 그 중 "저작인격권은 저작자 일신에 전속한다."라고 함으로써 '저작인격권'이란 것은 저작자만이 행사할 수 있다는 점, 즉 다른 사람에게 양도나 상속의 형식으로 나누어줄 수 없다는 점을 분명히 나타내고 있습니다.

그런데 그 다음을 보면 "저작재산권은 전부 또는 일부를 양도할 수 있다."고 함으로써 저작인격권과는 달리 저작재산권의 경우에는 다른 사람에게 양도할 수 있는 권리라고 합니다. 나아가 "저작재산권은 저작자가 생존하는 동안과 사망한 후 70년간 존속한다."고 함으로써 사망한 후에도 남는 권리라는 점에서 상속의 대상임을 또한 분명히 밝히고 있지요.

다시 정리해 보면, '저작자'에게 주어지는 권리가 '저작권'이므로 당연히 처음에는 저작자가 곧 저작권자입니다. 하지만 만일 어느 저작자가 다른 사람에게 저작재산권을 양도했다면, 또는 저작자가 사망함으로써 그 권리가 유족에게 상속되었다면, 저작자와 저작권자가 같은 사람이라고 할 수 있을까요?

여기서 우리는 저작자와 저작권자가 어떻게 같거나 다른지 이해할 수 있어야 합니다.

앞의 내용을 바탕으로 다시 살펴보면 '저작자(著作者)'란 "저작물을 창작한 사람"을 가리킵니다. 저작권법에서는 이러한 저작자에게 '저작권'이란 권리를 주어 보호하고 있지요. 또 저작권법에서 말하는 '저작물'이란 "인간의 사상 또는 감정을 표현한 창작물"을 가리키고, 여기서 말하는 저작물은 특별한 요건을 갖춘 것이라기보다는 개인의 독창성이 엿보이는 창작물로서 이용 가능한 상태에 놓여 있는 것 — 문학, 음악, 연극, 사진, 영상, 미술, 건축, 컴퓨터 프로그램 등에 속하는 것 — 을 가리킵니다.

나아가 저작물을 특정 기관에 등록할 필요도, 심사를 받을 필요도 없습니다. 어떤 절차나 방식이 필요 없이 창작과 동시에 저작권이 생기는 것이지요. 곧 자기가 해당 저작물을 창작했다는 사실만 입증할 수 있으면 된다는 뜻입니다. 그리고 이러한 저작물은 자기 스스로 또는 다른 사람이 그것을 원저작물로 하여 2차적저작물, 즉 번역·편곡·변형·각색·영상제작 등의 방법으로 재창작할 수 있으며, 여러 저작물을 선택하여 창작적으로 배열함으로써 '편집저작물'을 만들 수도 있습니다.

이러한 2차적저작물이나 편집저작물도 엄연한 저작물이므로 그것을 작성한 사람 역시 '저작자'가 될 수 있습니다. 좀더 쉽게 예를 들어 보겠습니다. 이러한 저작자의 유형은 우리가 흔히 쓰는 말로 하면 크게 세 가지가 있습니다. 곧 '지은이', '옮긴이',

'엮은이'가 바로 그것입니다.

우선, 저작자의 유형 중 대표적인 '지은이'는 자기가 저작물을 직접 창작한 사람을 가리키며 일반적으로 우리가 '저자'라고 하는 사람이지요. 대개의 경우 저작물의 대부분을 자신이 직접 창작한 내용으로 구성하는 저작자를 가리켜 지은이라고 합니다. 소설가가 소설 작품을 탈고하거나, 시인이 시를 쓰거나, 화가가 그림을 그리거나, 작곡가가 음악을 만들어 내는 행위 등은 이러한 저작물의 '지음'을 통한 '지은이'가 되는 일이지요.

2차적저작물의 저작자와 저작권

저작자의 또 다른 유형으로서 '옮긴이'는 번역, 곧 글 또는 말로 이루어진 저작물을 원래 사용된 언어 이외의 언어로 표현하는 것입니다. 우리말이나 글로 되어 있는 원저작물을 다른 나라 언어, 즉 외국어로 바꾸거나 외국어로 되어 있는 저작물을 우리말이나 글로 바꿀 수 있는데, 이를 '번역'이라고 합니다. 이 경우에 언어 체계가 상당히 다르다면 ― 예를 들어, 고전을 현대어로 새롭게 표현하는 것과 같은 경우 ― 굳이 외국어가 아니더라도 번역의 범주에 포함시킬 수 있겠지요. 그러므로 번역은 내용과 문체에 있어서 충실하고 정확하게 원저작물을 표현해야 합니다. 아울러 옮긴이(번역자)는 다른 언어를 창작적으로 다른 점을 인정받아 별도의 저작권을 부여받게 됩니다. 이처럼 옮김을 통해 만들어진 저작물(번역물)을 가리켜 저작권법에서는 '2차적저작물'이라고 합니다. 2차적저작물을 만들 수 있는 방법은 옮김(번역) 형식 말고도 다음과 같은 것들이 있습니다.

- **첫째**, 특정의 연주 형태에 따라 악기 또는 가창자의 음역에 맞도록 하기 위해 이미 작성되어 있는 음악저작물의 표현 형식을 조정하는 것을 '편곡'이라고 합니다.

- **둘째**, 미술저작물에 있어서 그림으로 그려져 있는 것을 조각의 형태로 나타내거나 조각을 그림으로 그리는 등 표현형식을 변경할 수 있는데, 이를 '변형'이라고 합니다. 건축저작물을 변형시키는 것도 이에 해당합니다.

- **셋째**, 어문저작물로서의 소설이나 일반적인 음악저작물을 영상물로 바꾸는 것처럼 이미 작성되어 있는 저작물을 다른 장르로 변형시키는 것을 '각색'이라고 합니다. 아울러 같은 장르일지라도 성인용 저작물을 청소년용으로 다시 쓰는 것처럼 이용의 각 상황에 따라 적당하게 변경하는 것도 포함합니다. 또한 이러한 각색은 표현형식만을 바꾸는 번역과는 달리, 저작물의 구성을 변경하는 경우도 포함됩니다. 예컨대, 소설을 연극 각본으로 고쳐 쓴다면 무대의 특성에 맞추어 원저작물의 구성이 불가피하게 변경될 수 있기 때문이지요.

- **넷째**, 위에서 열거한 방법 이외에도 소설을 시로 표현하거나 시를

소설화하는 것처럼 '그 밖의 방법'이 있을 수 있습니다.

이렇듯 여러 가지 방법에 의해 원저작물을 토대로 작성된 2차적저작물은 원저작물과 관계없이 '독자적인 저작물'로서 보호됩니다. 즉, 2차적저작물의 작성은 원저작물 저작권자의 허락을 필요요건으로 하지 않습니다. 원저작물 저작권자의 허락 여부와는 관계없이 일단 작성된 2차적저작물은 저작권법에 따라 보호되는 것이지요. 하지만 원저작물 저작권자의 허락 없이 번역한 다음 이를 책으로 출판하게 되면 원저작물 저작권자의 2차적저작물작성권 등을 침해한 결과로 이어지게 되므로 주의해야 합니다.

편집저작물의 저작자와 저작권

옮긴이 말고 저작자의 또 다른 유형으로 '엮은이'가 있는데, 엮은이가 만든 저작물을 가리켜 저작권법에서는 '편집저작물'이라고 합니다. 편집저작물이란 한 마디로 "편집물로서 그 소재의 선택·배열 또는 구성에 창작성이 있는 것"을 말합니다.

현행 저작권법에서는 이러한 편집저작물에 대해 "편집저작물은 독자적인 저작물로서 보호된다", "편집저작물의 보호는 그 편집저작물의 구성부분이 되는 소재의 저작권 그 밖에 이 법에 의하여 보호되는 권리에 영향을 미치지 아니한다"고 규정하고 있습니다.

여기서 '편집물'이란, "저작물이나 부호·문자·음·영상 그 밖의 형태의 자료의 집합물"을 말하는 것으로, 이미 존재하는 저작물 또는 기타 자료 등을 수집·선정·배열·조합·편집 등의 행위를 통해 전체로서 하나의 저작물이 되도록 한 것을 모두 포함하는 개념입니다. 그리고 첨단기술의 산물로서 데이터베이스처럼 컴퓨터 등 정보처리장치를 통해 검색할 수 있는 것들도 포함되며, 그러한 것들 중에서 소재인 저작물이나 자료들을 선택하거나 배열함에 있어서 창작성이 인정되는 것들은 저작권법의 보호를 받는 독자적 저작물인 편집저작물임을 밝히고 있는 것이지요.

한편, 편집저작물은 소재의 집합물이라는 특수성 때문에 다른 유형의 저작물과는 또 다른 성질을 띠고 있습니다. 즉, 여러 소설가의 단편소설을 모아 한 권의 단편집으로 묶었다면 그것은 편집저작물인 동시에 어문저작물이 되며, 요사이 유행하는 가요들을 묶어 최신가요집을 펴냈다면 그것은 편집저작물인 동시에 음악저작물이 될 수도 있습니다. 또한 편집저작물은 구체적인 저작물의 편집물일 수도 있지만, 저작물이 아닌 단순한 사실이나 자료만을 모은 것일 수도 있지요. 예를 들어, 문학전집(文學全集) 또는 선집(選集)·백과사전(百科事典)·신문·잡지 등은 저작물의 편집물이며, 국어사전 또는 영어사전이나 전화번호부

등은 단순한 사실이나 자료의 편집물입니다.

그런데 편집저작물의 보호는 그 편집 방법에 있어서 아이디어를 보호하는 것이 아니라 편집물에 구현된 편집 방법을 보호하는 것입니다. 따라서 누군가가 한국문학선집의 편집 방법을 모방해서 일본문학선집을 작성했더라도 그것은 내용 자체가 전혀 다른 것이므로 편집저작권의 침해가 성립되지 않습니다. 아울러 편집저작물의 구성부분이 되는 원저작물 저작권자의 허락을 얻지 않았더라도 그 편집저작물 자체는 보호를 받으며, 제3자의 침해에 대해 권리주장을 할 수 있습니다.

그러나 2차적저작물과 마찬가지로 편집저작물의 저작자가 원저작(권)자의 권리를 침해했다면 그에 따른 책임은 별도로 발생합니다. 따라서 편집저작물을 작성하고자 하는 사람은 그것의 구성부분이 되는 저작물의 저작권자로부터 일일이 허락을 얻어야만 정당한 권리를 얻게 되는 것이지요. 결국, 편집저작물의 저작자가 권리를 주장할 수 있는 것은 제3자가 그것과 유사한 편집저작물을 무단으로 작성해서 이용했을 경우에 한정되며, 편집저작물 중의 일부 저작물만을 누군가가 무단으로 이용했다면 그 저작물의 원저작자의 권리만이 작용할 수 있다는 점에 주의해야 합니다.

 저작자의 요건

물론 어떤 저작물의 형식이 '지음'이든 '옮김'이든 아니면 '엮음'이든 하나의 저작물에 저작자로서의 지은이, 옮긴이, 엮은이가 반드시 한 사람일 필요는 없습니다. 하나의 저작물에 저작자가 여러 명이면서 각자의 역할이 확실하게 나누어져 있지 않은 저작물을 '공동저작물'이라고 합니다. 또, 저작권이 개인에게 있는 것이 아니라 단체나 기관이나 회사에 주어지는 경우도 있는

데, 이런 저작물을 가리켜 '업무상저작물'이라고 합니다.

이처럼 지음, 옮김 또는 엮음의 형식으로 만들어진 저작물의 저작자(지은이, 옮긴이, 엮은이 등)에게 주어지는 권리가 바로 저작권입니다. 그리고 이러한 저작권을 갖고 있는 사람을 우리는 '저작권자'라고 부릅니다. 앞서 살펴본 '저작자'와 다른 점은 권리를 뜻하는 '권'이란 글자가 하나 더 들어갔다는 것이지요. 위의 간기면에서 보면 지은이와는 별도로 아래쪽에 ⓒ 표시와 함께 사람 이름이 또 표시되어 있는 것을 알 수 있습니다. 여기서 지은이는 '저작자'를 가리키고, ⓒ 표시와 함께 표기된 사람은 '저작권자'를 가리킵니다. 대개는 같은 사람일 가능성이 높지만, 다를 수도 있기 때문에 주의가 필요합니다.

한편, 여기서 주의할 점은 '저작자'와 '저작재산권자'는 구별되는 개념이라는 사실입니다. 저작 행위를 한 사람과 그 권리를 갖고 있는 사람은 같을 수도 있지만 양도 또는 상속에 따라 달라질 수도 있다는 사실을 잊지 말아야 한다는 뜻이지요. 따라서 하나의 저작물에 대해 저작자와 저작재산권자가 서로 다른 사람일 수 있다는 점에 주의해야 합니다.

저작권법 규정에 따라 저작인격권은 저작자 일신에 전속되므로 별 문제가 없지만 저작재산권은 저작자가 전체 또는 부분적인 권리를 제3자에게 양도할 수 있으며, 저작자 사망 후 70년 동안 저작재산권이 존속하므로 그럴 경우에는 일정 권리를 양도 또는 상속받은 사람이 저작재산권자가 되기 때문입니다.

결국 저작자의 요건으로서는 절대적으로 직접적인 저작 행위가 요구되기 때문에 다음과 같은 사람은 저작자가 될 수 없습니다.[2]

- **첫째,** 다른 사람에게 저작 행위를 위촉한 사람. 위촉자가 수탁자에게 아이디어나 자료를 제공한 경우라 할지라도 위촉에 의한 저작물의 저작자는 수탁자가 됩니다. 다만, 대작(代作; 대신 작성하는 것)의 경우에 대작자는 위촉자의 수족으로서 창작을 한 것으로 해석하는 것이 가능한 경우도 있어 위촉자가 저작자로서 통용되는 예가 많이 있습니다.

- **둘째,** 다른 사람의 지시에 따라 그 저작 행위를 보조한 사람. 예컨대, 타인의 구술(口述), 즉 말하는 것을 그대로 받아 적는 사람은 저작자가 될 수 없습니다.

- **셋째,** 감수자나 교열자. 다만, 창작 과정에 대한 기여 정도가 직접 저작 행위를 한 사람보다 훨씬 큰 경우에는 저작자가 될 수 있으며, 또는 공동저작자가 될 수도 있습니다.

- **넷째,** 민요 등의 채보자. 채보(採譜)란 아직 고정되지 않은 민요 등을 악보로 수록하는 행위를 말하며, 이 경우 채보자는 기존의 선율을 악보로 작성하는 사람에 불과하므로 저작자가 될 수 없습니다.

---

2   저작권심의조정위원회 편(1988), 『저작권 용어해설』, 저작권심의조정위원회, pp.240~241 참조.

다시 살펴면, 저작물을 창작한 '저작자'에게 주어지는 권리가 바로 '저작권'이지요. 그런데 이러한 저작권은 저작인격권과 저작재산권으로 나뉘는데, 이 중에서 재산권에 해당하는 부분은 토지나 건물 같은 일반적인 재산과 마찬가지로 남에게 넘겨주거나 상속이 가능합니다. 이렇게 저작재산권을 남에게 양도하거나 저작자가 세상을 떠나는 바람에 가족에게 상속되었다면 저작자와 저작재산권자는 같은 사람이 될 수가 없습니다.

우리가 평소에 저작권이라고 부르는 것이 곧 저작재산권으로 인식된다는 점에서 '저작자'와 '저작권자'는 분리해서 생각해야 한다는 뜻입니다. 다만, 저작인격권은 양도나 상속이 불가능하므로 언제나 '저작자'에게만 주어지는 권리라는 점도 잊지 말아야 합니다.

요약해
볼까요

2장 '저작권이란 무엇일까요?'는 저작물, 저작자, 저작권의 개념을 바탕으로 저작권의 전반적인 내용을 다루고 있습니다. 구체적으로는 저작물과 창작성, 저작권을 법으로 보호하는 이유, 저작자와 저작권자, 2차적저작물의 저작자와 저작권, 편집저작물의 저작자와 저작권, 저작자의 요건 등에 대해 탐구합니다.

····1 '저작물과 창작성'에서는 저작권법의 보호를 받는 저작물로 인정되기 위해서 '인간의 사상 또는 감정을 표현한 창작물'이어야 한다는 의미에 대해 살펴봅니다. 곧 저작물이 되려면 먼저 인간의 사상과 감정을 나타낸 것이어야 하므로 인간이 아닌 다른 동물의 본능적인 행동으로 만들어진 것이거나 자연 현상에 의해 만들어진 것은 저작물이 될 수 없습니다.

····2 '저작권을 법으로 보호하는 이유'에서는 오늘날 저작물을 창작한 사람(저작자)에게 저작권이라는 권리를 부여해서 굳이 보호하는 이유에 대해 살펴봅니다. 곧 "저작물은 곧 문화 발전의 원동력이 되므로 좋은 저작물이 많이 나와야 그 사회가 문화적으로 풍요로워질 수 있기 때문"이라고 할 수 있겠습니다.

····3 '저작자와 저작권자'에서는 저작물 창작자로서의 저작자와 저작권을 행사하는 저작권자가 경우에 따라 달라질 수도 있다는 점에 대해 살

펴봅니다. 곧 저작자에게 주어지는 권리가 저작권이므로 당연히 처음에는 저작자가 곧 저작권자이지만 만일 어느 저작자가 다른 사람에게 저작재산권을 양도했다면, 또는 저작자가 사망함으로써 그 권리가 유족에게 상속되었다면, 저작자와 저작권자가 같은 사람이라고 할 수 없다는 점을 알아야 한다는 뜻입니다.

••••4 '2차적저작물의 저작자와 저작권'에서는 2차적저작물이 무엇인지, 그리고 그에 따르는 저작권은 어떻게 발생하는지 살펴봅니다. 특히, 번역을 예로 들어 옮긴이(번역자)는 다른 언어를 창작적으로 다룬 점을 인정받아 원저작자와 다른 별도의 저작권을 부여받게 된다는 점을 강조합니다.

••••5 '편집저작물의 저작자와 저작권'에서는 편집저작물이 무엇인지, 그리고 그에 따르는 저작권은 어떻게 발생하는지 살펴봅니다. 일반적으로 엮은이가 만든 저작물을 가리켜 편집저작물이라고 하며, 이처럼 "편집물로서 그 소재의 선택·배열 또는 구성에 창작성이 있는 것"을 만든 엮은이에게도 저작자로서의 지위와 함께 저작권이 주어집니다.

••••6 '저작자의 요건'에서는 저작자에게는 절대적으로 직접적인 저작행위가 요구되기 때문에 저작자가 될 수 없는 경우에 대해 살펴봅니다. 곧 다른 사람에게 저작 행위를 위촉한 사람, 다른 사람의 지시에 따라 그 저작행위를 보조한 사람, 감수자나 교열자, 민요 등의 채보자 등은 저작자가 될 수 없습니다.

저작인격권과
저작재산권이란
무엇일까요?

○ 소유권과 저작권은 어떻게 다를까?

저작권과 밀접한 관계를 가지면서 저작권을 긴장시키는 것이 바로 '저작권이 있는 작품(저작물)의 소유권'이라는 개념이다. 그러나 저작권은 지적 산물인 저작물의 내용을 담고 있는 매개체를 소유하는 것, 즉 유체물을 대상으로 하는 소유권과는 확실히 구분된다. 예를 들어, 소설가의 소설책을 구입할 때 구매자는 그 소설책의 종이 묶음을 구입하는 것이 아니라 그 소설의 내용, 구성, 문체, 그 소설에 담긴 작가의 사상 내지 가치관, 철학과 같은 무형(無形)의 가치를 염두에 두고 구입할 것이다.

이 경우 구매자는 소설책을 서점에서 구입함으로써 소설 '책'에 대한 소유권을 취득했다고 할 수 있지만, 그렇다고 '소설'에 대한 저작권을 취득한 것은 아니다. 구매사는 소유권자로서 자신이 구입한 소설책에 낙서를 하든지, 밑줄을 긋든지, 아니면 찢어버리거나 다른 사람에게 주어버리든지 마음대로 처분할 수 있다. 그러나 이 소설을 토대로 저작자의 동의 없이 영화각본이

나 연극대본을 작성하는 행위는 할 수 없다. 이는 저작자의 권리이기 때문이다. 즉 소설책(물건)에 대해서는 물권법이 적용되고, 소설(저작물)에 대해서는 저작권법이 적용되는 것이다.

이러한 저작권과 소유권에 대한 구체적인 개념 정의는 이미 1912년 독일제국법원의 판결에서 "저작권과 저작권이 있는 작품의 소유권과의 관계는 서로 독립적"이라고 밝힘으로써 확립되었다. 이른바 '사이렌 판결'이라고 불리는 당시 사건에서 법원은 "저작권은 기본적으로 소유권과 관계없이 행사될 수 있고, 소유권은 저작권과 관계없이 행사된다"고 설시했다.

당시 사건의 내용을 살펴보면, 한 예술가가 베를린의 계단집에 '바위섬의 사이렌(Felseneiland mit Sirenen)'이라는 제목의 프레스코화를 그려달라는 주문을 받아 완성했다고 한다. 그러나 그 집의 여주인은 예술가의 동의 없이 이 프레스코화에 있는 '나체의 사이렌'에 옷을 입히는 덧칠을 가했다. 하급심 법원은 (저작인격권을 침해한 것이므로) 여주인에게 덧칠을 제거하라고 선고했고, 제국대법원은 여주인의 상고를 기각하면서 저작권과 저작물의 소유권을 구별하는 판결을 내림으로써 이후 독일연방대법원이 이를 그대로 계승하면서 오늘에 이르고 있다.

미국의 판례 또한 저작권은 유형적인 대상에 구현되어 있는 어문, 사진 등의 소유를 포함하지 않는다고 하면서 구체적인 표현과 저작권이 있는 물건과는 관계가 없다고 판시하고 있다. 아울러 우리 판례에 따르면, 유명인이 작성한 편지의 경우 편지 '지'에 대한 소유권과 편지 '내용'에 대한 저작권은 별개이다.

*출처: 대한출판문화협회, 〈출판문화〉 2006년 4월호, 김기태, "저작물에 대한 저작권과 소유권은 어떻게 다른가?" 중 일부

읽/을/거/리
2

○ 영어교재 손해배상 소송에서 이긴 사례

"내 사례가 국내 저작권법의 중요한 판례가 되길 바랍니다."

영어교재 작가로 유명한 조화유(미국 거주) 씨가 최근 재판에서 승소했다. 자신의 영어교재를 표절했다며 고교 교사 신모씨와 출판사를 상대로 낸 손해배상 청구소송에서다. 서울 서부지방법원은 신씨 등에게 2억6000여만 원을 배상하라고 판결했다. 조씨가 당초 청구한 금액은 10억 원. 저작권과 관련한 출판업계 소송 사상 최고 금액이었다. 조씨 측 이모 변호사는 "신씨가 받은 인세가 2억9500여만 원인데 재판부가 그와 비슷한 금액을 인정한 것은 보통의 경우보다 저작권 침해 부분을 높게 본 것"이라고 말했다.

조씨는 지난해(2007년) 그의 교재로 공부하던 한 대학원생이 "내용이 너무 비슷해 당신 책인 줄 알고 샀다가 자세히 보니 아니더라"라며 e-메일을 보내와 소송을 내게 됐다. 그는 인터넷 검색을 통해 국내 변호사를 선임했다. 그는 교재 판매도 서점이

조화유 영어 교재와 CD

아닌 인터넷으로만 하고 있다. 조씨에 따르면 신씨는 자신의 교재가 문제되자 "영어에 저작권이 어디 있느냐"라고 주장했다고 한다. 이에 조씨는 "같은 영어라도 내가 쓴 예문에 대한 저작권은 내게 있다"라고 반박했다.

조씨는 1973년 미국으로 건너가 웨스턴미시간대에서 한·미 관계사로 석사학위를 받은 뒤 미주중앙일보 등에 칼럼을 연재했다. '이것이 미국 영어다', '조화유 미국생활영어'등의 영어교재를 내 교포사회와 국내에서 인기를 모았다.

현재 워싱턴DC 근교 버지니아주 리스버그에 살고 있는 그는 결혼 40주년 기념으로 부인과 함께 아시아 지역을 여행 중 재판 선고에 맞춰 잠시 귀국했다. 조씨는 "한국에서도 최근 표절 문제가 큰 사회 문제가 됐던 것으로 알고 있다"며 "소송을 진행하면서 저작권 문제가 얼마나 중요한지 새삼 깨달았다"고 말했다.

*출처: 중앙일보(2008.10.15.), 박성우 기자, "저작권 보호에 중요한 판례 되길"

 **저작인격권**

○ 다음 설명이 가리키는 말은 무엇인지 생각해 봅시다!

1. 저작자는 그의 저작물을 공표하거나 공표하지 아니할 것을 결정할 권리를 가진다.

2. 저작자는 저작물의 원본이나 그 복제물에 또는 저작물의 공표 매체에 그의 실명 또는 이명을 표시할 권리를 가진다.

3. 저작자는 그의 저작물의 내용·형식 및 제호의 동일성을 유지할 권리를 가진다.

저작권은 저작인격권과 저작재산권이라는 두 개의 커다란 덩어리로 이루어져 있습니다. 우선 저작인격권이란 "저작자가 자신의 저작물에 대해 갖는 정신적·인격적 이익을 법률로써 보호받는 권리"라고 할 수 있으며, '공표권·성명표시권·동일성유지권'의 세 가지가 있습니다. 인격권이란 정신적인 권리를 말하며, 일반적으로 명예권·성명권·초상권 등을 가리킵니다. 이를 구체적으로 살펴보면 다음과 같습니다.

● **명예권** 모든 국민은 사회적 명예를 침해당하지 않을 권리를 가지며, 명예에 대한 침해는 형사상 범죄를 구성하게 됩니다. 형법 제310조에서는 "(명예훼손) 행위가 진실한 사실로서 오로지 공공의

이익에 관한 때에는 처벌하지 아니한다."고 규정하고 있는데, 이는 인격권으로서의 개인의 명예 보호와 헌법 제21조에 의한 정당한 표현의 자유 보장이라는 상충되는 두 법익의 조화를 꾀한 것으로 보입니다.

- **성명권** 모든 국민은 성명권을 가지는데, 타인에 의해 개인의 성명권이 남용된 경우에는 성명권 침해로서, 이는 인격권 침해가 됩니다.

- **초상권** 모든 국민은 초상권을 가지는데, 대법원 판례에 따르면 "사람은 누구나 자신의 얼굴 기타 사회통념상 특정인임을 식별할 수 있는 신체적 특징에 관하여 함부로 촬영 또는 그림으로 묘사되거나 공표되지 아니하며 영리적으로 이용당하지 않을 권리를 가지는데, 이러한 초상권은 우리 헌법에 의하여 보장되는 권리이다."라고 합니다. 따라서 당사자 동의 없이 신문, 잡지, 팸플릿, 영화, TV 등이 초상사진을 게재하는 것은 인격권 침해가 됩니다.

따라서 인격권은 경제적 또는 물질적 기준에 따라 파악할 수 없는 특성을 띱니다. 다만, 인격을 소유한 저작자로서의 당사자만이 권리 침해에 대한 구체적인 정도를 느낄 수 있고, 가해자의 침해 정도를 입증할 수 있을 때 그 범위 안에서 물질적인 배상을 청구할 수 있습니다. 이때 물질적 배상은 재산권 침해에 따른 손해배상과는 다르므로 보통 정신적 고통을 위로해 준다는 뜻에서 '위자료'라고 부릅니다.

한편, 이러한 저작인격권은 저작재산권과는 사뭇 다르게 '일신전속성'이란 특성을 가지고 있습니다. 저작인격권으로서의 공표권·성명표시권·동일성유지권은 저작자 자신만이 가질 수 있고 행사할 수 있기 때문에 재산권과는 달리 다른 사람에게 양도하거나 상속할 수 없다는 뜻입니다. 그러므로 저작자가 사망하면 자동적으로 저작인격권은 소멸하게 됩니다.

그러나 만일 어떤 저작물의 저작자가 사망한 것을 아는 어느 이용자가 그 저작물의 저작인격권을 무시하고 상업적인 용도로 무단 이용했다면 —예를 들어, 저작자의 이름을 인지도가 높은 다른 사람으로 바꾸어 출판하거나 내용을 임의로 개작하여 선정적인 작품으로 둔갑시키는 등— 원저작자의 명예가 훼손될 가능성이 매우 높습니다. 따라서 저작자가 사망함으로써 저작인격권이 사라지고 없더라도 저작물을 이용하는 사람이 저작자의 명예를 훼손하는 방법으로 저작인격권을 침해했다면 저작재산권을 양도받은 사람 또는 상속자가 침해자를 상대로 저작인격권 침해를 주장할 수 있습니다.[3]

여기서 주의할 점은 따라서 특정 저작물의 저작재산권을 양도받았다 하더라도 그것의 저작인격권은 여전히 저작자에게 있

---

3 현행 저작권법에서는 저작인격권의 특성에 대해 먼저 "저작인격권은 저작자 일신에 전속한다."고 규정하면서 아울러 "저작자의 사망 후에 그의 저작물을 이용하는 자는 저작자가 생존하였더라면 그 저작인격권의 침해가 될 행위를 하여서는 아니된다. 다만, 그 행위의 성질 및 정도에 비추어 사회통념상 그 저작자의 명예를 훼손하는 것이 아니라고 인정되는 경우에는 그러하지 아니하다."고 함으로써 명예의 존중이라는 측면에서 저작인격권의 영속성을 보장하고 있습니다.

으므로 저작물을 이용함에 있어 저작인격권을 침해하지 않도록 조심해야 한다는 사실입니다. 우리 관련업계나 생활 속에서의 관행에 비추어 볼 때 저작재산권을 양도받았다면 마음대로 이용해도 된다고 여기는 경향이 강한데, 그런 태도를 돌아보고 저작인격권에 속하는 성명표시권 및 동일성유지권의 엄격함을 적극 보호하도록 노력해야 합니다.

1) 공표권

"저작자는 그의 저작물을 공표하거나 공표하지 아니할 것을 결정할 권리를 가진다."라는 설명은 '공표권'을 가리킵니다. 저작인격권으로서의 공표권이란 "저작물을 대외적으로 공개하는 권리"이며, 그 방법은 물론 공개 여부에 대한 판단은 오직 저작자만이 내릴 수 있습니다.

이를 구체적으로 살펴보면, 우선 저작자에게는 "저작물을 공표하거나 공표하지 않을 권리"가 있습니다. 즉, 저작자는 자기가 작성한 저작물을 공표할 것인지 아니면 공표하지 않을 것인지, 공표를 한다면 출판 또는 연극, 영화, 방송, 전송 등 다양한 방법 중에서 어떤 형태로 할 것인지, 그리고 공표 시기는 언제로 할 것인지 판단할 권리를 가지고 있다는 뜻입니다. 그러므로 만일 어떤 저작물을 저작자의 동의나 허락 없이 어떤 방법으로든지 공표하는 것은 당연히 저작자에게 주어진 저작인격권으로서의 공표권을 침해하게 되는 것이지요.

한편, 이러한 공표권은 미공표 저작물에 한해서 단 한 번밖에는 행사할 수 없습니다. 예를 들어, 공표란 저작물을 발행하는 것뿐만 아니라 저작물을 공연이나 방송 또는 전시 그 밖의 방법으로 공중에게 공개하는 행위를 의미하므로, 어떤 방법으로든지 원저작물이 공표된 후라면 공표 방법이 달라진다 해도 다시는 공표권을 행사할 수 없습니다.

그런데 저작자가 직접 공표권을 행사하지는 않았지만 누군가에게 저작재산권을 양도하거나 저작물의 이용허락을 한 경우에는 상대방에게 공표를 허락한 것으로 추정할 수 있습니다. 저작물을 이용하기 위해서는 저작물의 공표가 당연한 전제요건인데, 저작권을 양도받거나 이용허락을 받는 사람이 공표를 위해 또 다시 별도의 허락을 받아야 한다면 저작물 이용에 따른 번거로움이 뒤따를 뿐만 아니라, 저작자의 측면에서 보아도 역시 다른 사람에게 저작권을 양도하거나 이용허락을 하는 경우에는 이미 저작물의 공표를 예상한 것으로 보아도 무방하기 때문이지요.

또 공표되지 않은 미술저작물, 건축저작물, 사진저작물의 경우에 원작품의 소유권을 양도했다면 그것을 양도받은 사람에게 그 원작품의 전시 방식에 의한 공표를 동의한 것으로 추정합니다. 미술이나 건축, 사진 형태의 저작물은 원작품을 수요자들에게 판매할 수 있으므로, 정당한 거래에 의해 원작품을 소유한 사람에게 이용 편의를 제공한다는 점에서 이해하면 됩니다. 다만, 공표의 방법이 전시에 의한 방식으로 제한되어 있다는 점에 주의해야 합니다.

비슷한 취지에서 원저작자의 동의를 얻어 작성된 2차적저작물 또는 편집저작물이 공표된 경우에는 그 원저작물도 공표된 것으로 봅니다. 2차적저작물 또는 편집저작물은 원저작물을 토대로 작성된 것이므로 표현방식은 다르지만 내용 면에서는 같다고 볼 수 있지요. 따라서 원저작자의 동의를 얻어 정당하게 작성된 2차적저작물과 편집저작물이라면 원저작물이 공표되지 않은 상태라고 하더라도 2차적 저작자나 편집저작자 등이 임의로 공표할 수 있고, 그에 따른 원저작자의 저작권이 침해된다고 보기 어려우므로 결국에는 원저작물도 공표된 것으로 본다는 뜻입니다.

2) 성명표시권

"저작자는 저작물의 원본이나 그 복제물에 또는 저작물의 공표 매체에 그의 실명 또는 이명을 표시할 권리를 가진다."라는 설명이 가리키는 것은 '성명표시권'입니다. 저작인격권으로서의 성명표시권이란 "저작자가 그의 저작물을 이용함에 있어서 자신이 저작자임을 표시할 수 있는 권리"입니다. 저작자가 자기 저작물에 대해 자신이 창작자임을 주장하는 것은 당연한 권리이지요. 구체적으로 살펴보면, 저작자는 자기 저작물의 원작품은 물론 그 복제물에, 그리고 그것을 공표함에 있어서 그의 실

저작자는 자기 저작물에 진짜 이름을 표시할 수도 있고 필명, 예명 등의 다른 이름을 표시할 수도 있다.

명(實名)이나 이명(異名) 중에서 마음에 드는 것을 선택해 표시할 수 있습니다. 여기서 '실명'이란 국가에 등록되어 있는 진짜 이름을, '이명'이란 아호 또는 필명, 예명뿐만 아니라 남들이 잘 알지 못하는 자기만의 독특한 이름 등 다른 이름을 가리킵니다. 따라서 그것이 어떤 이름이든 골라서 표시할 것인지 결정할 권리가 저작자에게 있다는 뜻입니다. 또한 그것을 표시하는 방법은 미술 저작물에서처럼 원작품에 직접 표시할 수도 있고, 출판물에서처럼 표지 또는 간기면에 문자로써 표시하는 등 다양합니다. 아울러 성명을 표시할 수 있는 권리가 있다면 표시하지 않을 권리 또한 있는 것이므로 저작자의 표시 없이 무명 저작물로 공표할 수도 있습니다.

한편, 저작물 이용자는 저작자의 특별한 의사표시가 없다면 저작자가 저작물에 표시한 대로 저작자를 밝혀야 합니다. 따라서 이용자는 저작물을 이용하기 전에 저작자를 어떻게 표시할 것인지 저작자에게 물어볼 필요는 없으며, 특별한 의사표시 — 예를 들어, 저작물에는 실명으로 표시되어 있는데 공표할 때에는 독특한 이명으로 표시해 달라고 저작자가 적극적으로 요청하는 경우— 가 없는 한 저작물에 표시된 대로만 저작자를 표시하면 됩니다. 다만, 저작권법에서 "저작물의 성질, 그 이용 목적, 또는 형태 등에 비추어 부득이하다고 인정되는 경우에는 그러하지 아니하다"고 규정하고 있으므로 무조건 성명표시권 침해가 성립되는 것은 아닙니다. 주요 시험문제로서 특정 저작물을 인용할 경우 부득이 저작자의 성명을 표시하지 않을 수도 있을 것이기 때문이지요.

결국 저작인격권으로서의 성명표시권은 저작자가 저작물에 자신이 저작자임을 다양한 방법으로 표시하거나 표시하지 않을 수 있다는 것, 그리고 이용자가 저작물을 이용함에 있어 저작자가 표시한 바에 따라 저작물에 저작자를 표시해야 한다는 것으로 요약할 수 있습니다. 따라서 이용자가 이용 저작물에 저작자를 표시함에 있어서 원저작자를 무시하고 다른 사람으로 표시하는 것은 명백한 성명표시권 침해에 해당합니다.

3) 동일성유지권

"저작자는 그의 저작물의 내용·형식 및 제호의 동일성을 유지할 권리를 가진다."라는 설명이 가리키는 것은 '동일성유지권'입니다. 저작인격권으로서의 동일성유지권이란 "저작자가 자신이 작성한 저작물이 어떠한 형태로 이용되더라도 처음에 작성한 대로 유지되도록 할 수 있는 권리"를 말합니다. 저작자라면 당연히 자기 뜻에 관계없이 이용자가 마음대로 저작물의 내용을 변경하도록 내버려두지 않을 것이며, 자기 저작물을 누군가 마구 변경하는 경우를 당한다면 매우 불쾌할 것임에 틀림없지요. 따라서 저작자에게 "저작물의 내용은 물론 형식 및 제호 등에 있어서 동일성을 유지할 권리"를 준 겁니다. 저작물은 저작자 인격을 구체화한 것이므로 저작물에 구현된 자기 사상 및 감정 표현에 있어서 동일성을 유지할 필요가 있으며, 따라서 저작물을 이용하는 사람이 목적 달성과 함께 그 효과를 높이기 위해 저작물의 일부를 없애거나 고치고자 할 때에는 반드시 저작자의 동의를 얻어야 합니다.

여기서 내용 혹은 형식의 변경이란, 저작자의 뜻과는 관계없이 무단으로 주제를 변경하고자 전개과정을 바꿈으로써 원작의 본질을 손상시키는 경우, 등장인물 또는 배경 따위를 바꿈으로써 원작의 본질을 해치는 경우, 그리고 비극을 희극으로 바꾸거나 시를 소설로 바꾸는 것처럼 표현형식 자체를 고치는 행위 등을 가리킵니다. 하지만 저작물의 본질적인 변경이라도 그것이 정당한 절차를 거쳐 번역 또는 편곡 및 개작 등이 이루어진 것이라면 동일성유지권 침해가 아닙니다. 다만, 번역을 할 때

필연적인 변경과는 상관없는 중대한 실수로서의 오역(잘못된 번역)은 동일성유지권 침해가 될 수 있으므로 주의해야 합니다.

다음으로 제호(題號)의 문제가 있습니다. 제호란 저작물 제목을 일컫는 말이지요. 이러한 제호는 저작물의 내용을 집약하여 짧은 문구로 표현한 것이므로, 이를 무단으로 변경한다면 저작자에게는 사실상 인격적 침해가 될 수 있습니다. 나아가 주제나 내용과는 상관없이 저작물의 상업적 이용만을 위해 제호를 무단으로 바꾸게 될 경우에는 더욱 심각한 문제가 생길 수도 있습니다. 그런데 원래 제호 자체는 저작권법에서 보호하는 저작물이 아닙니다. 따라서 저작물을 작성하는 사람이 다른 저작자의 제호를 무단으로 사용하더라도 저작권 침해가 아니라는 뜻이지요.

제호를 독립적인 저작물로 인정하지 않는 이유는 저작권법 제정의 취지에서 찾아볼 수 있습니다. 저작권을 보호하는 궁극적인 목적은 문화와 관련산업의 향상과 발전인데, 만약에 모든 제호를 저작물로 인정할 경우 제호를 둘러싼 혼란과 함께 일부에 의한 독점현상 때문에 더 큰 폐해가 생길 수 있습니다. 물론 일부 국가에서는 매우 독창적인 제호에 대해서는 독립적인 저작물로 인정하여 보호하기도 합니다. 하지만 우리나라에서는 저작물 제호에 한해서는 저작물성을 인정하지 않고 있습니다. 다만, 그것이 저작물의 내용과 어울릴 경우에는 저작인격권으로서 동일성유지권의 대상이 될 뿐이지요.

4) 동일성유지권 예외 규정

저작권법에서는 저작자의 사전 동의가 없더라도 저작물 변경이 가능한 경우에 대해 규정하고 있습니다. 저작권 보호라는 취지에 비추어 볼 때 개인의 이익뿐만 아니라 문화산물인 저작물을 이용한다는 차원에서 공익적인 측면 또한 내포하고 있기 때문이지요. 이처럼 동일성유지권이 미치지 않는 경우에 대해 현행 저작권법에서는 크게 세 가지로 나누어 규정하고 있습니다. 다만, 예외 사유에 해당한다고 하더라도 본질적인 내용의 변경은 할 수 없다는 점에 주의해야 합니다.

- **첫째,** 고등학교 및 이에 준하는 학교 이하의 학교의 교육 목적상 필요한 교과용 도서에 공표된 저작물을 이용할 경우에는 부득이하다고 인정되는 범위 안에서 표현을 변경할 수 있습니다. 이는 초등학교, 중학교, 고등학교로 대표되는 제도권 교육에 있어서 그 효과를 높이기 위해 사용해야만 하는 저작물에 대해서는 개인의 저작권 보호 이전에 교육 목적에 부합하는 내용으로 변경할 수 있어야 한다는 공익적 차원의 규정입니다.

  즉, 교육을 받는 학생들은 아직 육체적으로나 정신적으로 미숙한 상태이므로, 저작물이 매우 유익한 것이라고 하더라도 일부 표현에 있어서 너무 어렵다거나 부정적이라거나 외설적이거나, 혹은 기타 미풍양속을 해치는 부분이 있어 교육목적과 일치하지 않는다고 판단되는 경우에 한해서 그 일부의 표현을 변경할 수도 있다는 겁니다. 예를 들어, 저작물에 한자어나 외래어가 너무 많아서 일부를 우리말로 고치는 경우, 또는 원작에 있는 성적(性的) 표현을 완화하거나 삭제하는 경우 등이 이에 해당된다고 하겠습니다. 따라서 미술저작물은 이에 해당하는 경우가 별로 없을 것으로 보입니다.

- **둘째,** 건축물의 증축 또는 개축에 따른 건축저작물의 변형은 동일성유지권 침해가 아닙니다.

  건축물은 대개가 주거용 또는 사무실, 상가 등 실용적인 용도로 짓는 것이므로, 실용성을 높이기 위해 건물을 변형하는 경우가 있지요. 따라서 그런 경우에는 동일성유지권에 구애됨이 없이 임의로 증축 또는 개축을 할 수 있습니다. 그러나 실용성과는 관계없이 예술적인 목적으로 지어진 건축물의 경우에는 건축저작권자의 허락 없이 변형을 가하는 것이 금지됩니다. 결국, 건축물에 있어서의 무단 변형은 오직 실용적인 용도에 한해서 허용되는 것이지요.

- **셋째,** 위에서 살펴본 경우 이외에 "저작물의 성질이나 그 이용의 목적 및 형태에 비추어 부득이하다고 인정되는 범위 안에서의 변경"은 동일성유지권의 침해가 아닙니다. 여기서 말하는 '부득이하다고 인정되는 범위'를 예로 들어 보면, 먼저 음악저작물의 가창(歌唱) 또는 연주가 있습니다.

  노래를 부르는 사람이 음정이나 박자를 원저작물 그대로 표현하지 못할 수도 있고, 또는 연주자가 원저작자의 표현 의도대로 연주하지 못할 수도 있는데 그렇다고 해서 그것을 동일성유지권의 침해로 볼 수는 없다는 뜻입니다. 따라서 음악적 역량의 차이 때문에 생기는 변형은 예외로 볼 수밖에 없겠지요. 또한 사진저작물을 인쇄기술을 통해 출판물에 사용할 경우에도 원저작물보다 더 낮게 표현한다는 것은 불가능하며, 단순한 오자(잘못된 글자)나 탈자(빠진 글자)를 고치는 것도 마찬가지입니다.

하지만 아무리 그것이 부득이한 경우라고 하더라도 본질적인 변경까지는 허용하지 않는다는 점에 주의해야 합니다. 즉, 교과서에 싣는다고 시를 소설로 개작하거나, 상가로 지은 건물을 주거용 빌라로 바꿔 짓거나, 3절로 이루어진 노래를 1절로 줄이거나 하는 등의 본질적인 변경은 당연히 동일성유지권의 침해 사유가 되므로 주의해야 합니다.

그렇다면 저작자가 세상을 떠난 후 저작인격권은 어떻게 되는 것일까요? 저작인격권은 저작자가 살아 있는 동안은 물론 세상을 떠난 후에도 보호되지만, 저작자 사망 후에는 저작인격권 침해가 될 행위의 성질과 정도에 비추어 사회통념상 그 저작자의 명예를 훼손하는 것이라고 인정되는 때에만 저작인격권 침해가 성립됩니다. 결국 저작자가 생존해 있는 경우와 사망한 경우에 있어서 저작인격권의 침해 기준이 달라진다는 점, 그리고 특히 저작자가 사망한 후에는 명예를 훼손하는 방법으로 저작인격권이 침해된 경우에만 침해의 책임을 물을 수 있다는 점 등을 기억해 두면 좋겠습니다.

공동저작물의 저작인격권은 어떻게 행사할까요?

현행 저작권법에서는 공동저작물의 저작인격권 행사에 대해 먼저 "공동저작물의 저작인격권은 저작자 전원의 합의에 의하지 아니하고는 이를 행사할 수 없다. 이 경우 각 저작자는 신의에 반하여 합의의 성립을 방해할 수 없다"고 규정하고 있습니다. 권리의 주체가 한 사람이 아닌 여러 사람이기 때문에 어느 한 사람이 일방적으로 행사할 수 없다는 것이지요. 그런데 합의라고 해서 무조건적인 것이 아니라 통념상 합리적인 방향으로의 합의에 따라 다수결이면 가능하다는 뜻에서 신의(信義)에 반하여 합의의 성립을 방해할 수 없음을 밝히고 있습니다.

예를 들어, 공동저작물을 책으로 출판함에 있어서 비교적 좋은 조건을 제시한 출판사가 있는데도 저작자 중의 한 사람이 자기와 이해관계에 있는 특정의 다른 출판사를 고집함으로써 공표권에 대한 전원의 합의가 이루어질 수 없는 경우에는 그 사람의 방해에도 불구하고 다른 저작자들의 합의만으로 공표권 행사가 가능하다는 취지입니다.

다음으로는 "공동저작물의 저작자는 그들 중에서 저작인격권을 대표하여 행사할 수 있는 자를 정할 수 있다"고 합니다.

저작자가 여럿이다 보니 합의를 거치는 단계가 복잡해질 수도 있으므로 공동저작자 전원이 합의해서 대표로 저작인격권을 행사할 대표자를 둘 수 있다고 규정한 것이지요.

끝으로, "권리를 대표하여 행사하는 자의 대표권에 가하여진 제한이 있을 때 그 제한은 선의의 제3자에게 대항할 수 없다"고 합니다. 즉, 공동저작자 전원의 합의에 따라 선임된 대표자가 행사한 대표권이 저작자들 내부의 제한에 위배되었다고 하더라도 계약 상대방이 선의(善意)의 피해를 당하게 해서는 안 된다는 점을 밝히고 있는 것이지요.

예를 들어, 공동저작자끼리 저작권사용료로 출판물 정가의 10% 이상이면 이의를 갖지 않기로 합의하고 대표자에게 모든 계약사항을 위임했는데, 나중에 계약서에는 저작권사용료가 8%로 기재되어 있는 것을 발견했다면 그 계약은 무효인가 아닌가의 문제가 생기게 됩니다. 이 경우에 상대방인 출판권자가 저작자들끼리 저작권사용료가 10% 이상이어야 한다고 합의한 내용을 모르는 상태에서 대표자만을 믿고 계약을 맺었다면 저작자들끼리의 내부 합의와는 상관없이 계약 상대방을 선의로 해석해서 그 계약은 유효합니다. 하지만 만일 그러한 내부의 합의 사실을 알고서도 대표자를 설득하거나 매수한 끝에 맺어진 계약이라면 그 계약은 악의(惡意)에 의한 것으로 보아 무효가 됩니다. 물론 저작자 내부에 가해진 제한으로서의 합의 내용을 계약 상대방이 알고 있었느냐 모르고 있었느냐를 입증해야 하는 부담은 별개의 문제입니다.

저작재산권

○ 다음 설명이 가리키는 말은 무엇인지 생각해 봅시다!

1. 저작자는 그의 저작물을 복제할 권리를 가진다.

2. 저작자는 그의 저작물을 공연할 권리를 가진다.

3. 저작자는 그의 저작물을 공중송신할 권리를 가진다.

4. 저작자는 미술저작물 등의 원본이나 그 복제물을 전시할 권리를 가진다.

5. 저작자는 저작물의 원본이나 그 복제물을 배포할 권리를 가진다. 다만, 저작물의 원본이나 그 복제물이 해당 저작재산권자의 허락을 받아 판매 등의 방법으로 거래에 제공된 경우에는 그러하지 아니하다.

6. 저작자는 상업적 목적으로 공표된 음반이나 상업적 목적으로 공표된 프로그램을 영리를 목적으로 대여할 권리를 가진다.

7. 저작자는 그의 저작물을 원저작물로 하는 2차적저작물을 작성하여 이용할 권리를 가진다.

위에서 나열하고 있는 것들도 저작물을 둘러싼 어떤 권리에 관한 것입니다. '저작물을 복제할 권리'에서부터 맨 마지막의 '2차적저작물을 작성하여 이용할 권리'에 이르기까지 모두 일곱 가지로 구성된 이것은 바로 '저작재산권'입니다. 저작재산권이란 저작자가 자기 저작물에 대해 갖는 '재산적인 권리'를 가리킵니다. 곧 이 권리를 활용하여 영리를 추구할 수 있으며, 양도나 상속이 가능하다는 뜻입니다. 저작자에게만 주어지는 인격권과는 다른 특성을 가지고 있는 것이지요. 또한 저작재산권은 저작자가 자기 저작물을 마음껏 이용할 수 있다는 점에서 배타적인 이용권이지만 실제로는 자신이 직접 저작물을 이용하는 경우보다는 남에게 저작물을 이용하도록 허락하고 대가를 받는 경우가 대부분이지요. 현행 저작권법에서는 저작재산권을 복제권·공연권·공중송신권·전시권·배포권·대여권·2차적저작물작성권 등 7가지로 나누어 규정하고 있습니다.

1) 복제권

저작자는 '그의 저작물을 복제할 권리'를 갖는데, 이것이 바로 '복제권'입니다. 여기서 복제(複製)란 "인쇄·사진·복사·녹음·녹화 그 밖의 방법에 의하여 유형물에 고정하거나 유형물로 다시 제작하는 것을 말하며, 건축물의 경우에는 그 건축을 위한 모형 또는 설계도서에 따라 이를 시공하는 것을, 각본·악보 그 밖의 이와 유사한 저작물의 경우에는 그 저작물의 공연·방송 또는 실연을 녹음하거나 녹화하는 것을 포함"하는 개념입니다. 따라서 복제권은 "저작물을 여러 가지 방법을 통해 전자적으로 고정하거나 유형물로 다시 제작할 수 있는 권리"라고 정의할 수 있겠습니다.

저작권 법제의 역사를 살펴보면, 문자와 기록매체가 있었다고 해서 바로 저작권 의식이 생긴 것은 아니었습니다. 고대에는 저작물에 관해 소유권으로서의 인식보다는 남의 저작물을 베끼는 행위는 비열한 것으로 여겨져 도덕적으로 비난의 대상이 되었고, 다른 사람의 저작물을 이용하는 것도 직접 혹은 사람을 사서 베껴쓰는 것, 즉 필사(筆寫)하는 것이 고작이어서 저작물에 대해 어떤 금전적인 이익을 추구하는 식의 관심은 부족했을 겁니다.

그러던 중 15세기에 이르러 독일의 구텐베르크가 활판 인쇄술을 발명함으로써 문서의 대량 복제가 가능해짐에 따라 저작물에 대한 권리의식도 태동하기 시작했습니다.

나아가 저작물의 복제물이 광범위하게 유통되자 세속적인 통치자들과 성직자들이 그들의 권위에 반대하는 내용의 저작물에 관심을 갖게 되었고, 내용을 검열하기 위한 방편으로 특정 출판업자에게만 저작물을 출판하게 하는 '출판특허제도'를 두

활판 인쇄술의 발달로 대량 복제 가능해지며 저작권 의식 태동

게 되었지요. 이로써 저작자들은 간접적인 보호를 받게 되었으나 출판특허제도는 기본적으로 출판자의 특권을 위한 제도적 장치였으므로, 저작자들에게 의무적인 저작물 사용료 지급이 이루어진 것은 아니어서 저작권의 권리 개념은 미약한 수준이었습니다.

이후 자연주의적 계몽사상과 개인주의 사상의 보급으로 인해 출판물에 대한 규제가 완화되었고, 전제군주인 국왕의 권위가 쇠퇴함에 따라 국왕의 특허가 유명무실해졌으며, 그로 인해 저작물의 복제가 성행하게 되자 기존의 출판특허권자들은 자기들이 투자해서 출판한 서적들에 대한 무단복제의 규제를 요구하기에 이르렀습니다. 이에 따라 제정된 최초의 저작권법이 바로 영국에서 1709년에 공포된 '앤여왕법(The Statute of Anne)'이었지요.[4] 그리하여 비로소 저작자에게 '복제권(copyright)'이라는 권리가 주어지고, 이 권리를 양도받아 출판한 출판자에게는 그 출판물에 대해 14년간 독점권이 주어졌던 겁니다.

결국 복제권은 저작재산권 중에서 가장 기본적인 권리이며, 저작물 이용에 있어서도 가장 기본적인 형태입니다. 복제의 개념에 있어서는 인쇄나 사진 또는 복사처럼 가시적인 복제와 녹음 또는 녹화 같은 재생 가능한 복제로 나뉘며, 디지털 기술이 발전한 오늘날에는 온라인을 통한 다양한 복제까지 등장하고 있습니다. 권리관계에 있어서 저작재산권은 양도가 가능하므로 만일 저작재산권자가 누군가에게 복제권을 양도한다면 복제권을 양도받은 사람이 복제권자가 되는 것이지요.

2) 공연권

저작자는 '그의 저작물을 공연할 권리'를 갖는데, 이를 '공연권'이라고 합니다. 공연(公演)이란 "저작물 또는 실연·음반·방송을 상연·연주·가창·구연·낭독·상영·재생 그 밖의 방법으로 공중에게 공개하는 것"으로서 "동일인의 점유에 속하는 연결된

---

4 이 법은 영국서적상조합(Stationers' Company)의 요구로 제정되었으며, 발효연도는 1710년입니다. 정식명칭은 다음과 같습니다.
   An act for encouragement of learning, by vesting the copies of printed books in the authors or purchasers of such copies, during the times therein mentioned.　　　　　　　　　　　　　　　　　　　　　- The Statute of Anne.

저작물을 공중에게 공연할 권리인 공연권

장소 안에서 이루어지는 송신(전송 제외)을 포함"하는 개념입니다.

여기서 '상연(上演)'이란, 각본이나 무보(舞譜) 또는 기타의 연극적 저작물을 무대 위에서 실현하는 것을 말하며, '연주'란 음악적 저작물을 악기로써 표현하는 것을, '가창(歌唱)'이란 음악적 저작물을 사람의 입을 통해 표현하는 것을 말합니다.

또한 '구연(口演) 및 낭독(朗讀)'이란 음악적 저작물 이외의 것, 즉 시·소설·논문 등 글로 쓰여 있는 것을 사람의 입을 통해 표현하는 것으로 만담(漫談)은 물론 일반적인 강연이나 연설 따위를 포함하며, '상영(上映)'은 영화처럼 영상화한 저작물을 막(幕, screen)이나 기타의 물체에 영사하는 것을 말합니다.

공연에 의한 저작물 이용은 복제와는 달리 유형물에의 고정을 요건으로 하는 것이 아니라 공중에게 공개하는 것을 요건으로 합니다. 여기서 주의할 사항은 복제물을 만드는 것은 복제권의 대상이지만 그것을 재생하여 공개하는 것은 공연의 범주에 속한다는 점과, 과거에는 방송의 범주에 들었던 "동일인의 점유에 속하는 연결된 장소 안에서 이루어지는 송신"이 새로이 공연에 포함되었다는 점, 그리고 연주·가창·연술·연출 또는 음반 및 녹음 파일 등은 저작인접권의 대상으로서 실연자 또는 음반제작자의 권리도 포함되어 있다는 점입니다.

저작인접권이란 무엇일까요?

저작인접권은 말 그대로 "저작권에 준하는 권리"를 말합니다. 그런데 권리의 성질로 보아 재산적인 권리인 동시에 배타적인 권리이기는 하지만 저작권과는 근본적으로 다릅니다.

우리 저작권법에서는 실연자, 음반제작자 그리고 방송사업자에게 저작인접권을 부여하고 있는데, 이들은 저작물의 직접적인 창작자는 아니지만 그것을 해석하고 전파함으로써 문화 발전에 이바지하는 공로가 크므로 그러한 행위에 일종의 정신적 창작성을 인정하여 저작권에 인접하는 배타적 권리를 인정한 것이지요. 특히 저작물의 복제 및 전파 수단이

급속도로 발전함에 따라 이들이 입는 경제적 타격도 무시할
수 없는 정도에 이르렀기 때문에 이를 조정한다는 측면에서
저작인접권에 관해서는 국내뿐만 아니라 국제적으로도 관심
이 커지고 있습니다.

한편 공연과 실연은 많은 부분에서 비슷한데 그 차이점을
정리해 보면 다음과 같습니다.

- 첫째, 공연은 저작물을 동작을 통한 표현으로 공중에게 공
  개하는 것을 요건으로 하지만, 실연은 공개 여부를 요건으
  로 하지 않습니다. 따라서 저작물을 동작으로 나타낸 행위
  라 하더라도 공개하지 않았다면 그것은 실연은 될 수 있어
  도 공연은 될 수 없습니다.
- 둘째, 공연에는 직접적인 동작에 의한 표현 행위뿐만 아니
  라 간접적인 녹음 또는 녹화물의 공개 재생도 포함되지만,
  실연에 있어서는 직접적인 동작 행위만을 대상으로 합니
  다. 따라서 실연의 녹음 또는 녹화물을 공개 재생하는 것은
  실연이 아닌 공연이 됩니다.
- 셋째, 공연은 반드시 저작물을 동작으로 표현할 것을 전제
  로 하지만, 실연은 저작물이 아닌 것을 예능적으로 표현하

는 것, 즉 곡예나 마술 등도 포함됩니다. 따라서 공연권은 저작재산권의 일종이지만 실연은 저작인접권의 대상이 될 뿐입니다.

이처럼 공연은 저작물의 표현 수단으로 공중에게 공개되어야 하지만, 실연은 그와 같은 제한 없이 동작행위 자체에 예능적인 가치만 있으면 된다는 점에서 공연과 실연은 구별됩니다. 다만, 외국 저작권법이나 국제협약상 'performance'라고 했을 경우 이를 우리 저작권법에 비추어 공연으로 볼 것인지 아니면 실연으로 봐야 하는지 애매한 경우가 있으므로 상황에 따라 그리고 전체적인 문맥에 따라 구별해서 해석하거나 이해해야 할 것입니다.

3) 공중송신권

그리고 저작자에게는 저작재산권으로서의 '공중송신권'이 주어집니다. '공중송신'이라는 뜻은 "저작물, 실연·음반·방송 또는 데이터베이스를 공중이 수신하거나 접근하게 할 목적으로 무선 또는 유선통신 방법에 의하여 송신하거나 이용하는 것에 제공하는 것"을 말하며, 기존의 방송[5]과 웹사이트에 음악을 올리는 행위 같은 전송[6], 그리고 디지털음성 송신을 포함하는 개

---

5 방송(broadcasting)이란, "공중송신 중 공중이 동시에 수신하게 할 목적으로 음·영상 또는 음과 영상 등을 송신하는 것"을 말합니다. 여기서 방송은 공연의 개념과 혼동될 우려가 있다는 점에 주의해야 하며, 무선통신에 의한 방송뿐만 아니라 유선통신에 의한 것까지도 모두 포함하는 개념이라는 점 또한 유념해야 합니다. 무선방송이란 라디오처럼 소리만을 방송하는 것뿐만 아니라 텔레비전처럼 영상까지도 방송하는 것이 대표적이며, 유선방송이란 케이블 텔레비전이나 유선음악 방송, 또는 폐쇄회로에 의한 텔레비전(CC-TV) 등을 말합니다. 따라서 유선이든 무선이든 확성기, 즉 마이크 장치를 이용하는 경우 일단은 방송의 범주에 드는 것으로 해석할 수도 있는데, 이 경우에 "동시에 수신하게 할 목적으로" 송신되는 것만 방송에 해당되며, 이시적(異時的) 혹은 쌍방향적인 것은 '전송'에 포함된다는 사실에 주의해야 합니다. 예를 들어, 요사이 우후죽순처럼 늘어나고 있는 인터넷 방송의 경우 이것이 공중파 방송과 마찬가지로 동시 송신되는 경우에는 '방송'으로 볼 수 있지만, 이시적 혹은 쌍방향적인 송신의 경우 '전송'으로 분류된다는 뜻입니다. 또 방송사업자는 저작인접권으로서의 방송에 대한 권리의 주체를 말하는 것으로, 음반제작자와 마찬가지로 법인이나 단체도 포함됩니다. 이러한 방송사업자 역시 실연자, 음반제작자와 함께 저작인접권자가 됩니다.

6 전송이란 "공중송신 중 공중의 구성원이 개별적으로 선택한 시간과 장소에서 접근할 수 있도록 저작물 등을 이용에 제공하는 것을 말하며, 그에 따라 이루어지는 송신을 포함"하는 개념입니다. 웹사이트는 인터넷 이용자가 접근할 수 있도록 열어놓은 공간이고 이러한 공간에 콘텐츠(음악 등)를 올리는 행위가 대표적인 전송 행위라고 할 수 있지요. 인터넷을 활용한 온라인상의 저작물 송신이 보편화되고, 또 이용자의 주문에 따라 이용자가 개별적으로 원하는 시간과 장소에 저작물을 전달하는 형태의 기술진전에 따라 새로운 권리의 등장이 촉진된 결과이기도 합니다. 한편 2004년도에 개정된 저작권법에서는 음반제작자와 실연자(음악의 경우 가수·연주자·백코러스·지휘자 등, 영상물의 경우 배우·연기자 등)에게도 전송권을 부여하고 있습니다. 음악과 같이 다수의 권리자가 존재하는 경우 이들 모두가 저작권법상 전송권이라는 권리를 가지게 된 것입니다.

념입니다.

기술의 발달, 방송과 통신의 융합 등에 따라 예전과는 전혀 다른 형태의 새로운 저작물 이용 형태가 등장하면서 저작자 등의 권리보호에 한계가 드러남에 따라 이를 포괄하는 최상위 개념인 공중송신을 신설함으로써 어떠한 형태의 저작물 사용 형태가 등장하더라도 저작자가 확실하게 보호받을 수 있도록 한 것으로 보입니다.

4) 전시권

저작자는 '미술저작물 등의 원본이나 복제물을 전시할 권리'를 갖는데, 이를 가리켜 '전시권'이라고 합니다. 여기서 전시(展示)란 "예술작품 따위를 여러 사람에게 보일 목적으로 공개된 장소에 진열하는 것"을 가리키므로 미술저작물뿐만 아니라 건축저작물과 사진저작물에도 전시권이 미칩니다. 곧, "원작품 또는 그것의 복제물을 전시할 권리"를 가리켜 전시권이라고 하는 것이지요.

그런데 미술저작물 등은 그것을 직접 저작한 저작자가 소유하고 있는 경우보다는 다른 사람이 일정의 대가를 지불하고 사들여서 소유하는 경우가 많다 보니 저작권자와 소유권자가 서로 다른 경우를 보게 됩니다. 이런 점을 감안해서 저작권법에서는 미술저작물 등의 원작품을 소유한 사람은 그 작품을 취득함과 동시에 그것을 전시 방식으로 이용해도 좋음을 저작자로

미술작품을 대중에게 공개할 경우 전시권 필요

부터 동의받은 것으로 본다고 규정하고 있습니다.[7] 다만, 개방
된 장소에서 일반 공중에게 항시 전시하는 경우에는 그 저작권
자의 허락을 받아야만 합니다.[8]

　또한 일부 국가에서는 원작품만을 전시권의 대상으로 삼는

7　공표권과 관련하여 저작권법에서는 "저작자가 공표되지 아니한 미술저작물·건축
　　저작물 또는 사진저작물의 원본을 양도한 경우에는 그 상대방에게 저작물의 원본
　　의 전시 방식에 의한 공표를 동의한 것으로 추정한다."고 규정하고 있습니다.

8　저작재산권자의 허락이 없어도 되는 경우에 있어서 저작권법에서는 "미술저작물
　　등의 전시 또는 복제"에 대해 "미술저작물 등의 원본의 소유자나 그의 동의를 얻
　　은 자는 그 저작물을 원본에 의하여 전시할 수 있다. 다만, 가로·공원·건축물의
　　외벽 그 밖에 공중에게 개방된 장소에 항시 전시하는 경우에는 그러하지 아니하
　　다."고 규정하고 있습니다.

데 비해 우리나라에서는 원작품뿐만 아니라 복제물에도 전시권이 미칩니다. 그리고 전시되어 있는 저작물을 텔레비전으로 방영한다면 이는 공중송신권의 대상이 된다는 점에 주의해야 합니다.

5) 배포권

저작자는 '저작물의 원본이나 복제물을 배포할 권리'를 갖는데, 이를 '배포권'이라고 합니다. 여기서 배포(配布)란 "저작물의 원작품 또는 그 복제물을 일반 공중에게 유상 또는 무상으로 양도하거나 대여하는 것"으로서, 저작물을 시장에 유통시키는 일반적인 방법이기도 합니다. 여기서 말하는 '원작품'이란 주로 미술저작물을 가리키고, '그 복제물'이란 주로 책과 같은 형태를 말하는 것이지요. 따라서 그렇게 하려면 배포권을 가지고 있는 저작권자로부터 허락을 받아야만 합니다. 그러므로 복제권과 관련해서 배포권을 적절히 행사하면 저작권의 효율적인 관리에도 상당한 효과가 있을 수 있겠지요.

예를 들어, 다른 나라에 저작물 이용을 허락할 경우 복제권을 발휘해서 복제에 의한 이용을 허락함과 동시에 배포권을 행사하여 지역적 또는 시간적인 제한을 둘 수 있습니다. 저작물을 배포함에 있어서 지역적 범위를 한정하고 언제까지만 배포할 수 있다는 규정을 두면 저작권의 관리는 물론 이익의 폭도 넓힐 수 있다는 뜻이지요.

6) 대여권

저작자에게는 또 '대여권'이 주어집니다. 현행 저작권법에서는 대여권과 관련해서 "저작자는 판매용 음반이나 판매용 프로그램을 영리를 목적으로 대여할 권리를 가진다"고 규정하고 있습니다.

음악저작물의 저작자에게는 자신이 창작한 저작물을 음반의 형태로 만들어 발매함으로써, 그리고 컴퓨터프로그램 저작자는 자신의 프로그램을 정품 그 자체로 판매하여 경제적 이익을 추구하는 것이 보편적인 권리행사 방법인데, 무단으로 대여가 이루어진다면 실익이 그만큼 줄어들 수밖에 없다는 점을 감안한 것으로 풀이됩니다.

한편, 저작인접권자인 실연자에게도 자기 실연이 녹음된 판매용 음반에 대한 대여권이 주어집니다.

7) 2차적저작물작성권

마지막으로 저작자에게는 저작재산권으로서의 '2차적저작물작성권'이 주어집니다. 이는 "저작자가 자기 저작물을 원저작물로 하는 2차적저작물을 작성하여 이용할 수 있는 권리"를 가리킵니다. 앞서 살핀 것처럼, 여기서 2차적저작물이란 "원저작물을 번역·편곡·변형·각색·영상 제작 그 밖의 방법으로 작성한 창작물"을 말하는 것이지요.

그러므로 2차적저작물을 작성한 사람에게도 그에 따르는 별도의 권리가 주어지지만, 그것의 원저작물 저작자로부터 정당한 방법으로 허락을 얻어야 하며, 그렇지 않을 경우에는 그에 따르는 책임을 져야 합니다. 또한 2차적저작물을 작성함에 있어서 원저작물의 변경이 불가피하므로 동일성유지권 침해의 문제가 제기될 수 있지만, 그것이 내용상의 본질적인 변경이 아니고 영어를 국어로 번역하거나 다장조 음계를 가장조로 편곡하는 등 단순한 표현 형식의 변경이라면 저작인격권으로서의 동일성유지권을 침해한 것이 아닙니다.

한편, "작성하여 이용할 권리"라는 말에 유의할 필요가 있습니다. 이는 작성할 권리와 이용할 권리의 이중적인 의미로 해석할 수 있기 때문이지요. 저작자는 자기 저작물을 토대로 해서 직접 2차적저작물을 작성할 수 있을 뿐만 아니라, 그렇게 작성한 별도의 저작물을 경제적인 대가를 받고 이용하게 할 수 있다는 뜻입니다. 따라서 2차적저작물작성권은 저작재산권 중에서도 매우 부가가치가 높은 권리이기 때문에 저작재산권의 일부를 양도하는 경우에 주의가 필요합니다.

이렇듯 여러 가지 방법에 의해 원저작물을 토대로 작성된 2차적저작물은 원저작물과 관계없이 '독자적인 저작물'로서 보호됩니다. 즉, 2차적저작물의 작성은 원저작물 저작권자의 허락을 필요요건으로 하지 않습니다. 원저작물 저작권자의 허락 여부와는 관계없이 일단 작성된 2차적저작물은 저작권법에 따라 보호되는 것이지요. 하지만 원저작물 저작권자의 허락 없이 번역을 한 다음 이를 책으로 출판하게 되면 그의 2차적저작물작성권 등을 침해한 결과로 이어지게 되므로 주의해야 합니다.

8) 저작재산권의 보호기간

땅이나 건물 등에 대한 일반적인 소유권은 보호기간이 정해져 있지 않고 영구적인 것이 특징이지만, 저작권은 한 사회의 문화발전을 꾀하는 수단이어야 한다는 측면에서 법에 의해 그

+ 70년

저작자 사망 후
70년 동안
저작재산권 존속

보호기간이 한정되어 있습니다. 그리고 이런 저작재산권의 보호기간을 산정함에 있어서 기산(起算)의 기준은 크게 '저작자의 사망시'와 '저작물의 공표시'로 삼는 두 가지 방식이 있습니다. 여기서 말하는 '저작자의 사망시' 또는 '저작물의 공표시'는 보호기간이 시작되는 시기라는 뜻이 아니라 보호기간이 끝나는 시기를 계산하는 기산점이라는 뜻입니다. 우리나라와 같이 저작권의 무방식주의를 채택하고 있는 나라에서는 저작물의 창작과 동시에 저작권의 보호가 시작되는 것으로 보기 때문이지요.

일반적인 저작재산권 보호기간의 원칙을 살펴보면, 자연인으로서의 저작자가 누구인지 명확한 경우에는 그 저작자가 살아 있는 동안과 사망한 후 70년 동안 저작재산권이 존속합니다. 예를 들어, 어떤 사람이 서른 살에 첫 시집을 출판한 다음 여든 살에 세상을 떠났다면 그 시집에 실린 시작품에 대한 저작재산권 보호기간은 모두 120년(살아 있었던 기간 50년 + 사망 후 70년)이 되는 것이지요. 공동저작물의 경우에는 공동 저작자 중에서 맨 마지막으로 세상을 떠난 저작자의 사후 70년간 존속합니다. 그 밖에 영상저작물과 업무상저작물의 저작재산권은 공표한 때부터 70년간 존속하며 다만, 창작한 때부터 50년 이내에 공표되지 않은 경우에는 창작한 때부터 70년간 존속합니다.

저작인접권의 보호기간

1. 실연의 경우에는 그 실연을 한 때의 다음 해부터 기산하여 70년간 존속합니다. 다만, 실연을 한 때부터 50년 이내에 실연이 고정된 음반이 발행된 경우에는 음반을 발행한 때의 다음 해부터 기산하여 70년간 존속합니다.

2. 음반의 경우에는 그 음반을 발행한 때의 다음 해부터 기산하여 70년간 존속합니다. 다만, 음을 음반에 맨 처음 고정한 때의 다음 해부터 기산하여 50년이 경과한 때까지 음반을 발행하지 아니한 경우에는 음을 음반에 맨 처음 고정한 때의 다음 해부터 기산하여 70년간 존속합니다.

3. 방송의 경우에는 그 방송을 한 때의 다음 해부터 기산하여 50년간 존속합니다.

한편, 각종 저작재산권의 보호기간을 계산함에 있어서 기산의 기준이 되는 시점에 대해 현행 저작권법에서는 "저작자가 사망하거나 저작물을 창작 또는 공표한 다음 해부터 기산한다"고 하여 이른바 역년주의(曆年主義)를 취하고 있습니다. 따라서 저작자의 사망, 저작물의 창작 또는 공표가 있었던 시기의 다음 해 1월 1일 오전 0시부터 계산하여 해당 보호기간이 끝나는 해의

12월 31일 자정이 되면 보호기간이 끝나는 것입니다. 이러한 저작재산권의 보호기간을 계산함에 있어서 저작자가 사망하거나 저작물을 창작 또는 공표한 다음 해 1월 1일부터 기산하므로, '사망 후' 또는 '공표한 때부터'라고 해서 바로 그 시점의 날짜로 따지는 것이 아니라는 점에 주의해야 합니다. 이렇게 해서 저작재산권 보호기간이 끝나면 저작재산권이 소멸하므로 이후에는 이용 허락이 필요 없는, 즉 자유이용 상태에 놓여 있는 저작물이 되므로 누구든지 마음대로 이용할 수 있겠습니다.

공동저작물의 저작재산권은 어떻게 행사할까요?

현행 저작권법에서는 공동저작물의 저작재산권 행사에 대해 먼저 "공동저작물의 저작재산권은 그 저작재산권자 전원의 합의에 의하지 아니하고는 이를 행사할 수 없으며, 다른 저작재산권자의 동의가 없으면 그 지분을 양도하거나 질권의 목적으로 할 수 없다. 이 경우 각 저작재산권자는 신의에 반하여 합의의 성립을 방해하거나 동의를 거부할 수 없다"고 규정하고 있습니다.

여기서 '합의'란 권리자인 자신의 일방적인 의사표시에 의해 일정한 법률효과가 생기게 하는 것을 뜻하며, '동의'란 다른 사람의 행위에 대해 긍정적인 의사표시를 함으로써 다른 사람의 행위에 법률효과가 생기게 하는 것을 뜻하므로 그 취지는 공동저작물의 저작인격권에 관한 규정의 내용과 같습니다. 각 저작재산권자는 신의에 반하여 합의의 성립을 방해하거나 동의를 거부할 수 없다고 한 것도 마찬가지이지요.

다음으로 "공동저작물의 이용에 따른 이익은 공동저작자간에 특약이 없는 때에는 그 저작물의 창작에 이바지한 정도에 따라 각자에게 배분된다. 이 경우 각자의 이바지한 정도가 명확하지 아니한 때에는 균등한 것으로 추정한다"고 규정합니다. 이는 공동저작물의 이용에 따른 이익의 배분에 관한 규정으로, 공동저작자 사이에 특별한 약속이 없다면 우선은 그 저작물의 창작에 이바지한 정도에 따라 배분된다는 뜻이지요. 따라서 특약이 있다면 그에 따라야 함은 물론입니다. 하지만 특약도 없고, 각자가 저작물의 창작에 기여한 정도를 가려내기도 어려운 경우 공동저작물의 저작재산권은 균등하게 나누어 배분될 수밖에 없습니다.

예를 들어, 어떤 공동저작물의 저작재산권자로 A, B, C의 세 사람이 있다고 하지요. 그런데 이 세 사람이 저작재산권의 지분에 관해 A에게는 50%, B에게는 30%, 그리고 C에게는 20%를 각각 인정하기로 서로 약정했다면 그에 따라 저작재산권의 행사로 생기는 이익이 배분되는 것입니다.

그런데 그러한 약정사항이 없고 또 저작물의 성격상 누가 얼마만큼 그 저작물에 기여했는지도 밝혀내기가 어려운 경우에는 세 사람 모두에게 각각 3분의 1씩의 지분이 있는 것으로 추정해서 이익을 골고루 배분할 수밖에 없다는 뜻입니다. 하지만 그러한 균등 배분에 불만이 있는 저작자는 자신이 이바지한 정도를 증명함으로써 배분 비율을 번복할 수도 있습니다. 결국 공동저작물의 이익을 배분하는 가장 합리적인 방법은 저작재산권자들끼리 균등하게 나누는 것이 아닐까 싶습니다.

또 "공동저작물의 저작재산권자는 그 공동저작물에 대한 자신의 지분을 포기할 수 있으며, 포기하거나 상속인 없이 사망한 경우에 그 지분은 다른 저작재산권자에게 그 지분의 비율에 따라 배분된다"고 합니다.

우선 저작재산권은 배타권이므로 당연히 그 권리를 스스로 포기할 수도 있습니다. 그리고 저작재산권자가 그 권리를 계승할 만한 사람이 하나도 없는 상태에서 아무런 유언도 남기지 않고 사망할 수도 있겠지요. 만일 단독 저작물의 경우라면 그 권리가 국가에 귀속되어 자유이용이 가능할 수도 있겠지만, 공동저작물의 경우에는 저작재산권의 보호기간이 최후로 사망한 저작재산권자를 기준으로 하기 때문에 완전히 소멸한 것으로 볼 수가 없습니다.

따라서 공동저작물의 저작재산권자인 한 사람이 자신의 지분을 포기하거나 상속인 없이 사망한 경우에는 그 사람의 지분은 다른 저작재산권자가 가진 지분의 비율에 따라 배분된다고 규정한 것이지요. 예컨대, 세 사람이 공동저작자인 저작물에 있어서 전체의 50%를 지분으로 갖고 있는 저작재산권자가 상속인 없이 사망한 경우 나머지 두 사람의 지분이 각각 30%, 20%라면 이후 두 사람의 지분은 각각 60%와 40%로 상향됩니다.

그 밖의 사항은 공동저작물의 저작인격권 행사와 마찬가지로 적용됩니다.

- 첫째, 공동저작물의 저작자는 그들 중에서 저작재산권을 대표하여 행사할 수 있는 자를 정할 수 있습니다.
- 둘째, 위의 규정에 의해 선임된 대표자의 대표권에 가해진 제한이 있을 때 그 제한은 선의의 제3자에게 대항할 수 없습니다.

요약해
볼까요

3장 '저작인격권과 저작재산권이란 무엇일
까요?'는 공표권·성명표시권·동일성유지권
으로 나뉘는 저작인격권과 복제권·공연권·
공중송신권·전시권·배포권·대여권·2차적
저작물작성권으로 나뉘는 저작재산권에 대
해 자세히 살펴봅니다.

••••1 '저작인격권'에서는 저작인격권의 유형별 특성에 대해 살펴봅니다.
아울러 저작재산권과는 달리 '일신전속성'이란 특성으로 인해 공표
권·성명표시권·동일성유지권은 저작자 자신만이 가질 수 있고 행
사할 수 있기 때문에 다른 사람에게 양도하거나 상속할 수 없다는 점
에 대해서도 다룹니다.

　　1) '공표권'에서는 공표권이란 "저작물을 대외적으로 공개하는 권
　　　리"이며, 그 방법은 물론 공개 여부에 대한 판단은 오직 저작자
　　　만이 내릴 수 있다는 점에 대해 살펴봅니다.
　　2) '성명표시권'에서는 성명표시권이란 "저작자가 그의 저작물을
　　　이용함에 있어서 자신이 저작자임을 표시할 수 있는 권리"라는
　　　점에 대해 살펴봅니다.
　　3) '동일성유지권'에서는 동일성유지권이란 "저작자가 자신이 작
　　　성한 저작물이 어떠한 형태로 이용되더라도 처음에 작성한 대
　　　로 유지되도록 할 수 있는 권리"라는 점에 대해 살펴봅니다.
　　4) '동일성유지권 예외 규정'에서는 저작자의 사전 동의가 없더라
　　　도 저작물 변경이 가능한 경우에 대해 규정하고 있는 저작권법
　　　의 내용을 살펴봅니다.

••••2 '저작재산권'에서는 저작재산권의 유형별 특성에 대해 살펴봅니다. 현행 저작권법에서는 저작재산권을 복제권·공연권·공중송신권·전시권·배포권·대여권 2차적저작물작성권 등 일곱 가지로 나누어 규정하고 있습니다.

    1) '복제권'에서는 복제권이란 "저작물을 여러 가지 방법을 통해 전자적으로 고정하거나 유형물로 다시 제작할 수 있는 권리"라는 점에 대해 살펴봅니다.

    2) '공연권'에서는 공연권이란 '그의 저작물을 공연할 권리'라는 점에 대해 살펴봅니다.

    3) '공중송신권'에서는 "저작물, 실연·음반·방송 또는 데이터베이스를 공중이 수신하거나 접근하게 할 목적으로 무선 또는 유선통신의 방법에 의하여 송신하거나 이용에 제공하는 것"으로서의 공중송신권에 대해 살펴봅니다.

    4) '전시권'에서는 전시권이란 "저작자가 미술저작물 등의 원본이나 복제물을 전시할 권리"라는 점에 대해 살펴봅니다.

    5) '배포권'에서는 배포권이란 "저작물의 원본이나 복제물을 배포할 권리"라는 점에 대해 살펴봅니다.

    6) '대여권'에서는 대여권이란 "판매용 음반이나 판매용 프로그램을 영리를 목적으로 대여할 권리"라는 점에 대해 살펴봅니다.

    7) '2차적저작물작성권'에서는 2차적저작물작성권이란 "저작자가 자기 저작물을 원저작물로 하는 2차적저작물을 작성하여 이용할 수 있는 권리"라는 점에 대해 살펴봅니다.

    8) '저작재산권의 보호기간'에서는 자연인으로서의 저작자가 누구인지 명확한 경우에는 그 저작자가 살아 있는 동안과 사망한 후 70년 동안 저작재산권이 존속한다는 점에 대해 살펴봅니다.

저작권자의
이용 허락이
필요 없는 경우에는
어떤 것이 있을까요?

동화책을 성인물로 패러디한 연극은 저작권법상 공정이용에 해당한다는 미국 법원 판결이 나왔다.

2017년 10월 23일 한국저작권위원회에 따르면 지난달 미국 법원은 원작 동화책에서 어린 시절 순수를 상징하는 등장인물 '신디 루'를 성인물 주인공으로 바꿔 패러디한 연극은 공정이용에 해당해 원작 저작권 침해가 아니라고 판결했다. 이번 결정은 원저작물 상당 부분을 이용해도 패러디 목적에서 벗어나지 않

테오도르 수스 가이젤(닥터 수스)이 1957년 펴낸 원저작물 동화『그린치는 어떻게 크리스마스를 훔쳤는가!(How the Grinch Stole Christmas!)』표지

왔고, 패러디물인 성인 연극은 동화책 시장에 영향을 미치지 않아 공정이용에 해당한다는 점을 확인했다는 평가를 받는다.

문제가 된 원저작물 동화 『그린치는 어떻게 크리스마스를 훔쳤는가!(How the Grinch Stole Christmas!)』는 테오도르 수스 가이젤이 1957년 펴낸 동화책이다. 크리스마스를 좋아하는 후(Who)들이 사는 후빌마을 산 속 동굴에 거주하는 녹색 생명체 '그린치' 이야기다. 저작권은 A(익명)에게 있다.

B(익명)는 원작을 풍자·비평하려고 코믹물 패러디 연극 '후의 휴일(Who's Holiday)'을 제작했다. 중년인 45세가 된 신디 루가 크리스마스 파티 손님을 기다리면서 관객에게 원작을 떠올리려는 의도로 자신의 삶을 운율을 살린 2행 대구로 이야기하는 내용이다.

그러자 A는 지난해 7월 B에게 저작권 침해 중단을 요구하는 편지를 보낸다. 편지를 수령한 B는 제작을 중단한 뒤, 뉴욕 남부 연방법원에 소송을 제기했다. 연극 제작은 공정이용으로 저작권 침해가 아니란 확인을 받기 위해서다. 법원은 B의 손을 들어줬다. 재판부는 연극이 원작에서 순수를 상징하는 인물을 성인물 주인공으로 바꿔 새 맥락을 부여하고 변형해 공정이용이라고 판단했다. 연극에서 신디 루는 동화 속 나이보다 성장한 모습으로 사회를 풍자한다. 이상적 모습으로 사회를 묘사한 동화 주요 요소를 뒤집고 천박하며 실망스러운 현실 면모를 부각해 변형으로 인정받았다.

재판부는 또 연극이 원작을 상당 부분 이용했지만 패러디 목적을 벗어날 정도로 과도하진 않다고 봤다. 원작 주인공인 그린치가 연극에서 언급되지만 실제 등장하지는 않고, 동화 속 조연인 신디 루가 연극에 나오지만 완전히 다른 역할이라고 평가했다. 또 연극 배경인 산 속 트레일러가 원작에는 없고, 후빌마을 분위기도 원작과 달리 어둡다고 설명했다. 또 연극이 동화 대사 등 문구를 그대로 이용하지 않았다는 점도 참고했다.

마지막으로 법원은 성인물인 연극과 동화책은 서로 대체재가 아니고, 소비자가 원작 동화나 2차저작물을 보는 대신 성인극을 관람할 가능성도 없어 연극이 원작 동화책 시장에 영향을 미치지 않는다고 판단했다.

한국저작권위원회는 "이번 판결은 원저작물의 상당 부분을 이용해도 패러디 목적을 벗어나지 않았고, 동화를 패러디한 성인 연극은 동화책 시장에 영향을 미치지 않아 공정이용에 해당한다는 점을 확인했다"고 평가했다.

*출처: etnews(2017.10.23.), 이기종 기자. "美법원, 동화 패러디 성인연극 공정이용"

○ 다음 설명이 가리키는 말은 무엇인지 생각해 봅시다!

1. 재판절차 등에서의 복제

2. 정치적 연설 등의 이용

3. 공공저작물의 자유이용

4. 학교교육 목적 등을 위한 이용

5. 시사보도를 위한 이용

6. 시사적인 기사 및 논설의 복제 등

7. 공표된 저작물의 인용

8. 영리를 목적으로 하지 않는 공연·방송

9. 사적 이용을 위한 복제

10. 도서관 등에서의 복제 등

11. 시험문제로서의 복제

12. 시각장애인 및 청각장애인 등을 위한 복제 등

13. 미술저작물 등의 전시 또는 복제

14. 저작물 이용과정에서의 일시적 복제

15. 저작물의 공정한 이용

위의 내용은 저작권법에서 '저작재산권의 제한'이라는 명목으로 규정하고 있는 것들입니다. 이미 살펴본 것처럼 저작권자의 재산적 권리를 보호하기 위해 저작권법에서는 저작재산권에 대해 여러 가지로 규정하고 있습니다. 하지만 저작권법을 제정한 목적이 저작자의 권리와 이에 인접하는 권리를 보호하는 것은 물론 저작물의 공정한 이용을 도모함으로써 문화 및 관련산업의 향상 발전에 이바지하는 데 있으므로 공공성 또한 무시할수 없겠지요.

저작권법에 따라 보호되는 저작물은 그 보호기간이 지나지않은 이상 저작재산권자의 허락 없이 함부로 이용할 수 없는 것이 원칙이지만, 일정 부분에 있어서는 공익적인 차원의 제한이불가피할 수밖에 없습니다. 저작권법에서는 이러한 저작권자의개인적 이익과 사회의 공공적 이익을 조화시키기 위해 일정한범위 안에서 저작재산권의 제한, 즉 저작물의 자유이용을 허용하고 있습니다. 그러므로 위와 같이 저작권법에서 규정하고 있는 저작재산권의 제한 사유에 해당되는 경우에는 법이 정하는조건에 따라 저작재산권자의 허락을 얻지 않고도 저작물을 자유롭게 이용할 수 있습니다.

재판절차 등에서의 복제

재판절차를 위해 필요한 경우이거나 입법·행정의 목적을 위한 내부 자료로서 필요한 경우에는 그 한도 안에서 저작물을복제할 수 있습니다. 다만, 그 저작물의 종류와 복제의 부수 및형태 등에 비추어 해당 저작재산권자의 이익을 부당하게 침해해서는 안 됩니다.

　여기서 '재판절차를 위해 필요한 경우'란, 법관이 판결문을 작성함에 있어서 저작권이 있는 저작물이 필요한 경우를 비롯하여 변호사의 변론 자료나 증거자료, 또는 원고 및 피고 등이 재판과 관련해서 반드시 필요하다고 판단되는 경우에 저작물을 복제하는 것을 뜻합니다. 그러므로 재판절차와 직접 관계가 있는 최소한의 인원에게 배포할 정도만 복제해야지, 그렇지 않은 사람들에게까지 배포할 목적으로 복제해서는 안 되는 것이지요.

　다음으로, '입법 또는 행정의 목적을 위한 내부 자료로서 필요한 경우'란, 입법부인 국회가 법안 또는 예산안을 심의하거나 국정조사 등과 같이 의회로서의 기능을 원활하게 수행하기 위해 필요한 경우, 그리고 행정부인 국가 산하의 각종 행정청이 맡은 바 업무를 수행하는 과정 중에 정책을 결정하거나 시행함에 있어서 반드시 필요하다고 인정되는 경우를 말합니다. 그러므로 어떤 저작물을 복제해서 이용하지 않으면 입법이나 행정 목적을 충분하게 달성할 수 없는 경우에만 해당되는 것이지 단순한 업무상 참고자료 또는 대외용 홍보자료 등에 무단으로 저작물을 복제해서 이용하는 것은 허용되지 않습니다.

　아울러 위와 같은 목적으로 저작물을 이용하는 경우 번역하여 복제할 수도 있지만, 저작물을 복제할 때에는 반드시 그 출처를 명시해야만 합니다.

정치적 연설 등의 이용

공개적으로 행한 정치적 연설 및 법정·국회 또는 지방의회에서 공개적으로 행한 진술은 어떠한 방법으로도 이용할 수 있습니다. 다만, 동일한 저작자의 연설이나 진술을 편집해서 이용해서는 안 됩니다. 이는 곧 국민들의 '알권리'를 충족시키는 차원에서 공인으로서의 정치인 등의 권리를 제한한 것이지요. 다만, 동일한 저작자의 연설이나 진술을 편집하게 되면 새로이 보호받는 저작물이 될 수 있으므로 연설자 또는 진술자의 허락이 필요해진다는 뜻을 담고 있습니다.

공공저작물의 자유이용

국가 또는 지방자치단체가 업무상 작성하여 공표한 저작물이나, 계약에 따라 저작재산권의 전부를 보유한 저작물은 허락 없이 이용할 수 있습니다. 공공저작물 이용을 원하는 사람은 해당 자료가 아래 나와 있는 공공누리 종류 중 '공공누리 제1유형' 표시가 부착된 저작물인지를 확인하고 이용하면 됩니다. 반드시 저작물의 출처를 구체적으로 표시해야 합니다. 공공누리 제1유형이 부착되지 않은 자료들은 자유이용 대상 저작물이 아닐 수 있으므로 해당 부서 담당자와 사전에 협의해야 합니다.

공공누리의 종류와 표시 도안

공공누리의 경우에도 출처(저작권자) 표시를 기본적 의무로 하여 변경금지, 상업적 이용금지 등의 의무를 부과할 수 있으며, 4가지 유형별로 공공누리 심벌마크 및 이용 허락 범위는 다음 표와 같습니다.

유형 및 심벌마크	이용 허락의 범위
제1유형 출처 표시	이용자가 공공저작물을 상업적 활용 여부에 관계없이 무료로 자유롭게 이용하고 2차적저작물작성 등 여러 가지로 변형하여 이용할 수 있습니다.
제2유형 제1유형+상업적 이용금지	이용자가 공공저작물을 무료로 자유롭게 이용하고 2차적저작물작성 등과 같이 변형하여 이용할 수 있으나, 상업적 목적으로 이용하는 것은 금지됩니다.
제3유형 제1유형+변경금지	이용자가 공공저작물을 상업적 활용 여부에 관계없이 무료로 자유롭게 이용할 수 있으나, 공공저작물의 내용을 변형 또는 변경할 수 없습니다.
제4유형 제1유형+상업적 이용금지+변경금지	이용자가 공공저작물은 무료로 자유롭게 이용할 수 있으나, 상업적 목적으로 이용하거나 2차적저작물작성 등과 같이 변형하여 이용하는 것은 금지됩니다.

🎨 학교교육 목적 등을 위한 이용

첫째, 고등학교 및 이에 준하는 학교 이하의 학교 교육 목적
상 필요한 교과용 도서에는 공표된 저작물을 게재할 수 있습니
다. 여기서 그 대상을 "고등학교 및 이에 준하는 학교 이하의 학
교"라고 명시하고 있으므로 유아교육법에 의해 설립된 유치원[9],
초·중등교육법에 의해 설립된 초등학교, 중학교 및 고등학교,
그리고 특수교육기관으로서의 맹인·농아를 위한 학교, 각종 기
술학교, 직업학교, 산업체 부설학교 등이 해당됩니다. 따라서 각
종 사설학원 및 고등교육법에 의한 대학교 및 대학원은 해당되
지 않습니다.

또한 "교육목적상 필요한 교과용 도서"라고 했으므로 학생
들이 사용하는 주교재로서의 교과서, 즉 교육부장관이 저작권
을 가지는 국정교과서[10] 와 교육부장관이 검정한 검정교과서,

---

9   유아교육법 제7조(유치원의 구분) 유치원은 다음 각호와 같이 구분한다.
   1. 국립유치원 : 국가가 설립·경영하는 유치원
   2. 공립유치원 : 지방자치단체가 설립·경영하는 유치원(설립주체에 따라 시립유치
      원과 도립유치원으로 구분할 수 있다)
   3. 사립유치원 : 법인 또는 사인(私人)이 설립·경영하는 유치원

10   교과서는 여러 사람의 저작물이 한데 합쳐져서 이루어지므로, 여기서 '교육부장관
   이 가지는 저작권'이란 여러 저작물을 모아 교육 목적에 맞추어 창작적으로 배열
   한 '편집저작물'에 대한 저작권을 말합니다. 따라서 구성 부분으로서 각각의 저작
   물에 대한 저작권은 각각의 저작자에게 있습니다.

그리고 교사용의 주된 교재인 지도서 및 교과서 또는 지도서에 대신하거나 이를 보충하기 위해 교육부장관의 승인을 얻은 인정도서 등이 여기에 해당됩니다. 따라서 부교재 성격을 띤 자습서 혹은 참고서, 평가문제집 등은 해당되지 않습니다. 아울러 교과용 도서에는 "공표된 저작물을 게재할 수 있다"고 하여 미공표 저작물은 해당되지 않음을 밝히고 있습니다. 즉, 여기서의 규정은 저작자의 저작재산권만을 제한한 것이므로 공표권을 포함하는 저작인격권은 이 규정에 의한 제한을 받지 않는다는 점에 주의해야 합니다.

한편, 이 규정에 따라 외국(인) 저작물을 이용하는 경우에는 그 저작물을 번역·편곡 또는 개작의 방법으로 이용할 수 있으며, 저작물을 교과용 도서에 게재할 때에는 그 출처를 명시해야 합니다. 그리고 저작물을 게재함에 있어서 학교에서의 교육목적을 고려해서 불가피한 경우에는 용어의 일부 또는 표현의 일부를 변경하는 것(학교교육 목적상 부득이하다고 인정되는 범위 안에서의 표현의 변경)이 가능하지만 그 저작물의 내용을 본질적으로 변경하는 것은 허용되지 않습니다.

둘째, 특별법에 따라 설립되었거나 유아교육법, 초·중등교육법 또는 고등교육법에 따른 학교, 국가나 지방자치단체가 운영하는 교육기관 및 이들 교육기관의 수업을 지원하기 위해 국가나 지방자치단체에 소속된 교육지원기관은 그 수업 또는 지원 목적상 필요하다고 인정되는 경우에는 공표된 저작물의 일부분을 복제·배포·공연·전시 또는 공중송신할 수 있습니다. 다만, 저작물의 성질이나 그 이용의 목적 및 형태 등에 비추어 저작물의 전부를 이용하는 것이 부득이한 경우에는 전부를 이용할 수 있습니다. 아울러 이러한 교육기관에서 교육을 받는 사람은 수업목적상 필요하다고 인정되는 경우에는 같은 범위 내에서 공표된 저작물을 복제하거나 전송할 수 있습니다.

셋째, 위의 기준에 따라 저작물을 이용하려는 사람은 문화체육관광부장관이 정하여 고시하는 기준에 따른 보상금을 해당 저작재산권자에게 지급해야 합니다. 다만, 고등학교 및 이에 준하는 학교 이하의 학교에서 위의 기준에 따라 복제·배포·공연·방송 또는 전송을 하는 경우에는 보상금을 지급하지 않습니다. 2019년 현재 교과용 도서 보상금 수령 단체 및 수업목적 복제 등 보상금 수령 단체로는 ㈜한국복제전송저작권협회가 지정되어 있습니다.

넷째, 이러한 규정에 따라 교육기관이 전송을 하는 경우에는 저작권 그 밖에 이 법에 의해 보호되는 권리의 침해를 방지하기 위해 복제방지 조치 등 필요한 조치를 해야만 합니다. 그 내용은 다음과 같습니다.

1. 불법 이용을 방지하기 위해 필요한 기술적 조치
    가. 전송하는 저작물을 수업을 받는 사람 이외에는 이용할 수 없도록 하는 접근제한 조치

나. 전송하는 저작물을 수업을 받는 사람 이외에는 복제할 수 없도
　　　　록 하는 복제방지 조치

　2. 저작물에 저작권 보호 관련 경고 문구의 표시

　3. 전송과 관련한 보상금을 산정하기 위한 장치의 설치

시사 보도를 위한 이용

　　방송·신문 그 밖의 방법에 의해 시사 보도를 하는 경우에 그 과정에서 보이거나 들리는 저작물은 보도를 위한 정당한 범위 안에서 복제·배포·공연 또는 공중송신할 수 있습니다.

　　여기서 시사 보도란 "그 당시에 일어난 세상의 여러 가지 일을 대중 매체를 통해 널리 알리는 것"을 뜻합니다. 따라서 라디오나 텔레비전·영화·신문·잡지 등을 통해 시사적인 내용을 보도함에 있어서 그 과정에서 저작권 보호를 받고 있는 저작물이 보이거나 들리는 경우가 있는데, 그것이 보도를 위한 정당한 범위 안에서 이루어졌다면 저작재산권 침해가 되지 않는다는 뜻이지요. 그리고 보도의 효과를 높이기 위해 복제·배포·공연 또는 공중송신의 형식으로 이용할 수도 있습니다. 예를 들면, 어느 화랑에서 전시 중이던 유명화가의 그림을 누군가 훔쳐간 사건이 발생했을 경우에 그 사건을 널리 알리기 위한 목적으로 도둑이 훔쳐간 그림을 텔레비전 화면을 통해 방송하거나 신문 또

는 잡지에 그 그림을 복제한 사진을 실어서 독자들에게 배포하는 것은 불가피하며, 이런 경우에는 저작물 자체가 그 사건의 구성부분이 됩니다. 또한 유명 정치인의 동정에 관한 보도를 하면서 그가 움직이는 화면이나 사진 속에 누군가의 그림이나 조각이 함께 찍혀 나오는 경우, 음악회에 관한 보도를 하는 과정에서 노래나 연주곡이 들리는 경우 등도 시사 보도를 하는 과정에서 보이거나 들릴 수밖에 없는 상황이기 때문에 저작재산권 침해가 되지 않는다는 뜻입니다.

그러므로 이 같은 규정은 어디까지나 시사 보도를 위해 어쩔 수 없이 저작물을 정당한 범위 안에서 이용할 수밖에 없는 경우에만 해당하는 것이지, 저작물의 실질적인 이용을 노려서 고의로 보도의 형태를 취하거나 시사성이 없는 오락 프로그램 또는 교양 프로그램에서 허락 없이 저작물을 이용하는 것은 허용되지 않습니다. 아울러 이러한 기준에 따라 저작물을 이용하는 경우에도 번역 이용이 가능하며, 마찬가지로 그 출처를 명시해야 합니다.

시사적인 기사 및 논설의 복제 등

정치·경제·사회·문화·종교에 관해 '신문 등의 진흥에 관한 법률' 규정에 따른 신문 및 인터넷신문 또는 '뉴스통신진흥에 관한 법률' 규정에 따른 뉴스통신에 게재된 시사적인 기사나 논설은 다른 언론기관이 복제·배포 또는 방송할 수 있습니다. 다

언론기관이 복제 배포 방송 가능한 뉴스통신 게재 기사

만, 이용을 금지하는 표시가 있는 경우에는 그렇게 할 수 없습니다. 여기서 눈여겨봐야 할 부분은 "다른 언론기관이 복제·배포 또는 방송할 수 있다"는 부분입니다. 그러니까 언론기관이 아닌 개인이나 그 밖의 단체는 그렇게 할 수 없다는 뜻이지요.

신문, 인터넷신문, 뉴스통신

1. 신문: 정치·경제·사회·문화·산업·과학·종교·교육·체육 등 전체 분야 또는 특정 분야에 관한 보도·논평·여론 및 정보 등을 전파하기 위해 같은 명칭으로 월 2회 이상 발행하는 간행물로서 다음과 같은 것을 말합니다.

- **일반일간신문** 정치·경제·사회·문화 등에 관한 보도·논평 및 여론 등을 전파하기 위하여 매일 발행하는 간행물
- **특수일간신문** 산업·과학·종교·교육 또는 체육 등 특정 분야(정치를 제외한다)에 국한된 사항의 보도·논평 및 여론 등을 전파하기 위하여 매일 발행하는 간행물
- **일반주간신문** 정치·경제·사회·문화 등에 관한 보도·논평 및 여론 등을 전파하기 위하여 매주 1회 발행하는 간행물 (주 2회 또는 월 2회 이상 발행하는 것을 포함한다)

● **특수주간신문** 산업·과학·종교·교육 또는 체육 등 특정 분야(정치를 제외한다)에 국한된 사항의 보도·논평 및 여론 등을 전파하기 위하여 매주 1회 발행하는 간행물(주 2회 또는 월 2회 이상 발행하는 것을 포함한다)

2. 인터넷신문: 컴퓨터 등 정보처리 능력을 가진 장치와 통신망을 이용하여 정치·경제·사회·문화 등에 관한 보도·논평 및 여론·정보 등을 전파하기 위하여 간행하는 전자간행물로서 독자적 기사 생산과 지속적인 발행 등 대통령령으로 정하는 기준[11] 을 충족하는 것을 말합니다.

3. 뉴스통신: 전파법에 따라 무선국의 허가를 받거나 그 밖의 정보통신기술을 이용하여 외국의 뉴스통신사와 뉴스통신 계약을 체결하고 국내외의 정치·경제·사회·문화·시사 등에 관한 보도·논평 및 여론 등을 전파하는 것을 목적으로 하는 유선·무선을 포괄한 송신·수신 또는 이를 목적으로 발행하는 간행물을 말합니다.

---

11 1. 독자적인 기사 생산을 위한 요건으로서 주간 게재 기사 건수의 100분의 30 이상을 자체적으로 생산한 기사로 게재할 것
    2. 지속적인 발행요건으로서 주간 단위로 새로운 기사를 게재할 것

이른바 전재(轉載: 이미 언론매체에 발표되었던 기사를 다시 다른 언론매체에 옮겨 싣는 것)를 허용하는 내용이라고 할 수 있는데, 여러 언론매체에 실린 기사는 국민의 알권리 충족 등을 위해 국민에게 원활하게 전달될 필요가 있다는 취지가 담겨 있는 것이지요. '신문 등의 자유와 기능 보장에 관한 법률'이 제정되어 2004년 7월부터 시행됨(이후 2009년 7월 '신문 등의 진흥에 관한 법률'로 바뀜)에 따라 인터넷신문도 언론매체의 일종으로 지정된 점을 감안하여 인터넷신문도 대상에 포함하고 있습니다. 외국의 시사적인 기사 및 논설에 대해서도 이용이 가능해야 실효성이 있으므로 다른 언론사 기사를 원문뿐만 아니라 원문을 번역하여 전재할 수 있도록 규정했으며, 이렇게 할 경우 반드시 원문 기사의 출처를 표시하도록 의무화하고 있습니다. 다만, 해당 언론사가 독점취재 등을 이유로 이용을 금지하는 표시를 한 경우에는 전재를 할 수 없으므로 잘 살펴봐야 합니다.

공표된 저작물의 인용

공표된 저작물은 보도·비평·교육·연구 등을 위해서는 정당한 범위 안에서 공정한 관행에 합치되게 이를 인용할 수 있습니다. 즉, 공표된 저작물을 보도·비평·교육·연구 등의 목적으로 '인용'하는 것은 저작재산권 침해가 아니라는 뜻이지요. 그리고 그것은 어디까지나 정당한 범위 안에서 이루어져야 하고, 공정한 관행에 합치되는 방법이어야 합니다.

하지만 많은 사람들이 저작권법에서 사용하고 있는 용어들을 제대로 이해하지 못한 채 아무렇게나 인터넷을 뒤져 여기저기서 저작물을 가져온 행위를 '인용'이라고 생각하는 등 잘못을 저지르는 경우가 많습니다. 여기서 인용(引用: quotation)이란 "다른 저작물의 내용 가운데에서 한 부분을 참고로 끌어다 쓰는 것"을 말합니다. 특히 어문저작물을 작성함에 있어서는 매우 흔한 것이 인용이지요. 그런데 문제는 '정당한 범위' 또는 '공정한 관행'에 관한 해석에 있습니다.

먼저 "정당한 범위"에 부합하려면 다른 저작물을 자기가 작성하는 저작물에 인용해야만 하는 필연성이 인정되어야 하며, 또한 자기 저작물 내용과 인용 부분 사이에는 일종의 주종관계가 성립되어야 합니다. 자기가 창작하여 작성한 부분이 주를 이루고, 그것에 담겨 있는 주제를 좀 더 부각시키거나 주장의 타당성을 입증할 목적으로 다른 저작물의 일부를 인용했을 때에 비로소 정당한 범위 안에서의 인용이 성립된다는 뜻이지요. 다만, 다른 저작물의 일부라고 하는 것은 논문이나 소설처럼 분량이 비교적 많아서 전체적인 인용이 불필요한 경우에 해당되는 것이며, 사진이나 그림 또는 짧은 시처럼 일부 인용이 불가능한 것까지 포함되는 것은 아닙니다.

다음으로 "공정한 관행"은 인용 부분이 어떤 의도에서 이용되고 있으며, 어떤 이용 가치를 지니는가에 따라 달라질 문제입니다. 사회적인 통념에 비추어 보아 타당하다고 여겨지는 방법으로서의 인용만이 공정한 관행에 합치되는 것이라고 볼 수 있는데, 그것은 인용되는 부분을 자기 저작물과는 명확하게 구별되는 방법으로 처리해야 한다는 의미까지도 포함합니다. 예를 들어, 보도의 자료로서 저작물을 인용할 수밖에 없는 경우, 자기나 다른 사람의 학설 또는 주장을 논평하거나 입증할 목적으로 다른 사람의 저작물을 인용하는 경우, 역사적 사실이나 경향을 살피는 글에서 이해를 돕기 위해 다른 저작물을 통째로 싣는 경우 등은 바로 공정한 관행에 합치되는 것으로 볼 수 있다는 뜻입니다. 그렇더라도 인용에 있어서는 출처 명시[12]의 의무가 엄격하게 적용되므로 주의해야 합니다. 인용 부분에 대한 적절한 구분이나 출처의 명시가 부정확하다면 해당 부분이 인용인지 창작인지를 분간할 도리가 없기 때문이지요.

따라서 다른 사람의 저작물을 일부라도 인용하려면 그 부분에 인용부호를 붙이거나 단락을 바꾸어 본문과는 다른 활자로 표시함으로써 인용 부분을 구분하는 것이 상식입니다. 또한 학술 관련 전문서적이나 논문에서는 출처로서의 저자명, 책명 또는 논문 제복, 발행처, 발행연도, 해당 면수 등을 석절한 위지

---

12 저작권법 제37조(출처의 명시) 제2항: 출처의 명시는 저작물의 이용 상황에 따라 합리적이라고 인정되는 방법으로 하여야 하며, 저작자의 또는 이명(異名)이 표시된 저작물인 경우에는 그 실명 또는 이명을 명시하여야 한다.

에 주(註) 표시로써 밝혀주어야 합니다. 영상물 같은 경우에는 맨 마지막에 자막으로 처리하는 등 이용 상황에 맞게 출처를 표시해 주려는 노력이 반드시 뒤따라야 합니다.

🎯 영리를 목적으로 하지 않는 공연·방송

영리를 목적으로 하지 않고 청중이나 관중 또는 제3자로부터 어떤 명목으로든지 반대급부를 받지 않는 경우에는 공표된 저작물을 공연(상업용 음반 또는 상업적 목적으로 공표된 영상저작물을 재생하는 경우 제외) 또는 방송할 수 있습니다. 다만, 실연자에게 통상의 보수를 지급하는 경우에는 해당되지 않습니다.

이러한 요건을 충족시키기 위해서는 주최하는 쪽이나 출연자 모두가 철저하게 비영리성을 띠어야 하는데, 현실적으로는 거의 불가능한 것으로 보입니다. 왜냐하면 주최자가 영리성을 전혀 띠지 않는 개인이거나 단체여야 하며, 공연의 경우에는 입장료는 물론 후원금이나 출연료조차 없이 진행되어야 하고, 방송의 경우에도 상업광고나 후원 또는 협찬, 출연료 지급 등이 없이 진행되어야 하기 때문이지요.

결국, 공연이나 방송에 따른 일체의 비용을 비영리 개인이나 단체로서의 주최자가 부담함과 동시에 출연자들은 무보수로 참여해야만 위의 요건에 맞는다고 할 수 있습니다. 따라서 공연

영리를 목적으로 하지 않는 무료 공연에 저작물 사용 가능

에 있어서는 학교에서 행하는 학예회나 동호인들이 모여 행하는 야외 음악회 또는 군악대 등이 행사장에서 행하는 연주 등과 함께 방송에 있어서는 농어촌이나 난시청 지역을 위한 유선방송 등이 여기에 해당합니다.

또, 청중이나 관중으로부터 그 공연에 대한 반대급부를 받지 않는 경우에는 상업용 음반 또는 상업적 목적으로 공표된 영상저작물을 재생하여 공중에게 공연할 수 있습니다. 다만, 대통령령이 정하는 경우에는 해당되지 않으므로 반드시 확인이 필요합니다. 따라서 영리를 목적으로 하거나 영리단체가 주관하는 공연이라도 청중 또는 관중들로부터 공연에 따른 반대급부만 받지 않는다면 이 규정에 해당하는 것으로 보입니다. 다만, 판매용 음반이나 판매용 영상저작물의 재생을 통한 공연에만 이용이 허용되며, 방송은 이에 해당하지 않는다는 점에 주의해야 합니다.

　한편, 위와 같이 영리를 목적으로 하지 않는 공연이나 방송에 저작물을 이용할 때에는 저작물을 번역·편곡 또는 개작해서 이용할 수 있으며, 출처를 명시할 의무는 없습니다.

사적 이용을 위한 복제

　공표된 저작물을 영리를 목적으로 하지 않고 개인적으로 이용하거나 가정 및 이에 준하는 한정된 범위 안에서 이용하는 경우에는 그 이용자는 이를 복제할 수 있습니다. 다만, 공중의 사용에 제공하기 위해 설치된 복사기기에 의한 복제는 해당하지 않습니다.

　이는 영리추구를 위한 대량 복제의 결과가 저작재산권자의 이익을 해치는 행위로 나타나는 것과는 달리 개인 또는 가정에 준하는 소규모 인원이 폐쇄된 공간 안에서 이용하는 경우에는 저작재산권을 심각하게 침해하거나 저작물이 부당하게 대외적으로 널리 유통되게 할 가능성이 거의 없다는 점에서 인정하는 것이지요. 예를 들면, 복제 방법으로는 복사기를 이용해서 저작물을 복사하거나 USB 등을 이용해서 저작물을 녹음 또는 녹화하는 것을 들 수 있는데, 그 목적이 복제물을 가지고 공부를 하거나 악보를 복사해서 그것을 보고 노래를 부르거나 음악을 녹음한 후 그것을 반복 재생 방식으로 감상하는 등 학습이나 취미 또는 단순한 오락의 차원이어야 합니다.

또, 여기서 "가정 및 이에 준하는 한정된 범위"라고 한 것은 이용하는 사람이 단독의 개인은 아니지만 가정처럼 개인적 결합 관계로 모인 소규모 인원 —대체적으로 10인 이내— 으로서 폐쇄적으로 이용하기 위해 복제하는 것을 말합니다. 그러므로 소규모라 하더라도 회사 같은 곳에서 내부적으로 사용하기 위해 복제하는 것은 이에 해당하지 않습니다.

우리 주변을 둘러보면 디지털 기술에 힘입어 복제 기술이 발달함에 따라 저작물의 이용 방법 또한 매우 다양해지고 있습니다. 복사기를 비롯한 복제 기기의 출현은 원래 사무자동화(OA)나 생활 편의를 도모할 목적으로 생겨난 것이지만, 지금은 그 이용 범위가 매우 확대되었을 뿐만 아니라 복제에 따른 비용 또한 저렴해짐으로써 이용자의 폭은 점점 늘어나고 있습니다.

사적 이용을 위한 복제도 저작권 침해가 되지 않는 범위 내로 사용

그럼에 따라 저작물 및 출판물의 권리자들에게 위기의식이 생겨나고, 복사 및 녹음·녹화에 의한 복제물 제작이 심각한 저작권 침해 요소를 품고 있다는 우려의 목소리가 높아지고 있지요. 왜냐하면 한번 복제된 저작물은 사적 이용의 단계를 넘어서 많은 사람의 모임을 통해 교환, 대여 또는 판매의 방법으로 반출되기도 함으로써 저작권 침해 우려가 높은데도 그러한 행위들이 위법임을 인식시키거나 구체적으로 검증하여 적발해 낼수 없다는 문제가 있기 때문입니다. 이처럼 사적 이용을 위한 복제 방식으로 저작물을 이용할 때에는 번역·편곡 또는 개작의 방법으로 이용할 수 있으며, 출처를 명시할 의무는 없습니다.

도서관 등에서의 복제 등

도서관법에 따른 도서관과 도서·문서·기록 그 밖의 자료를 공중의 이용에 제공하는 시설 중 대통령령이 정하는 시설은 다음 중 어느 하나에 해당하는 경우에는 그 도서관 등에 보관된 도서 등을 사용하여 저작물을 복제할 수 있습니다.

1. 조사 · 연구를 목적으로 하는 이용자의 요구에 따라 공표된 도서 등의 일부분의 복제물을 1인 1부에 한하여 제공하는 경우(디지털 복제는 해당하지 않음)

2. 도서 등의 자체 보존을 위해 필요한 경우

3. 다른 도서관 등의 요구에 따라 절판 그 밖에 이에 준하는 사유로 구하기 어려운 도서 등의 복제물을 보존용으로 제공하는 경우(디지털 복제는 해당하지 않음)

또, 도서관은 컴퓨터를 이용하여 이용자가 그 도서관 안에서 열람할 수 있도록 보관된 도서 등을 복제하거나 전송할 수 있습니다. 이 경우 동시에 열람할 수 있는 이용자의 수는 그 도서관에서 보관하고 있거나 저작권자 등으로부터 이용허락을 받은 그 도서의 부수를 초과할 수 없습니다.

아울러 도서관은 컴퓨터를 이용하여 이용자가 다른 도서관 안에서 열람할 수 있도록 보관된 도서 등을 복제하거나 전송할 수 있습니다. 다만, 그 전부 또는 일부가 판매용으로 발행된 도서 등은 그 발행일로부터 5년이 경과하지 않은 경우에는 그렇

도서관은 컴퓨터를 이용하여 이용자가 다른 도서관 안에서 열람할 수 있도록 보관된 도서 등을 복제하거나 전송할 수 있다.

게 할 수 없습니다.

다음으로, 도서관은 허락 없이 디지털 복제를 할 수 있는 경우라 하더라도 해당 도서 등이 디지털 형태로 판매되고 있는 때에는 디지털 형태로 복제할 수 없습니다. 나아가 적법하게 도서 등을 디지털 형태로 복제하거나 전송하는 경우에 도서관은 저작권 등 보호되는 권리의 침해를 방지하기 위해 복제방지 조치 등 필요한 조치를 해야만 합니다.

마지막으로 도서관법에 따라[13] 국립중앙도서관이 온라인 자료의 보존을 위해 수집하는 경우에는 해당 자료를 복제할 수

---

13 도서관법 제20조의 2(온라인 자료의 수집)

　① 국립중앙도서관은 대한민국에서 서비스되는 온라인 자료 중에서 보존가치가 높은 온라인 자료를 선정하여 수집·보존하여야 한다.

　② 국립중앙도서관은 온라인 자료가 기술적 보호조치 등에 의하여 수집이 제한되는 경우 해당 온라인 자료 제공자에게 협조를 요청할 수 있다. 요청을 받은 온라인 자료 제공자는 특별한 사유가 없는 한 이에 응하여야 한다.

　③ 수집된 온라인 자료에 본인의 개인정보가 포함된 사실을 알게 된 자는 대통령령으로 정하는 방식에 따라 국립중앙도서관장에게 해당 정보의 정정 또는 삭제 등을 청구할 수 있다.

　④ 제3항에 따른 청구에 대하여 국립중앙도서관장이 행한 처분 또는 부작위로 인하여 권리 또는 이익의 침해를 받은 자는 「행정심판법」에서 정하는 바에 따라 행정심판을 청구하거나 「행정소송법」에서 정하는 바에 따라 행정소송을 제기할 수 있다.

　⑤ 국립중앙도서관은 제1항에 따라 수집하는 온라인 자료의 전부 또는 일부가 판매용인 경우에는 그 온라인 자료에 대하여 정당한 보상을 하여야 한다.

　⑥ 수집 대상 온라인 자료의 선정·종류·형태와 수집 절차 및 보상 등에 관하여 필요한 사항은 대통령령으로 정한다.

있습니다. 이는 정보기술의 비약적 발달에 따라 지식정보의 생산과 이용환경이 온라인으로 급속히 확산되고 있는 추세를 반영한 것입니다. 곧 오프라인 자료에 비해 생성 및 소멸 주기가 짧은 특성을 가진 온라인 자료에 대한 관리가 미약한 상황임을 감안해서, 국가 기록물의 전반적 법정 수집기관인 국립중앙도서관이 정보통신망을 통해 공중의 이용에 제공되는 저작물 중 국가 차원에서 보존가치가 높은 도서 등을 수집하여 보존할 수 있도록 복제 근거 규정을 마련했다는 데 그 의미가 있습니다.

시험문제로서의 복제

학교의 입학시험 그 밖에 학식 및 기능에 관한 시험 또는 검정을 위해 필요한 경우에는 그 목적에 맞게 정당한 범위에서 공표된 저작물을 복제·배포할 수 있습니다. 다만, 영리를 목적으로 하는 경우에는 허용되지 않습니다. 곧 시험문제를 출제하기 위해 공표된 저작물을 복제할 경우에는 저작재산권 침해가 아니라는 뜻입니다. 여기서 말하는 시험문제란 크게 세 가지로 나누어 볼 수 있는데, 어떠한 경우든지 영리를 목적으로 하는 것은 제외됩니다.

●첫째, 학교 입학시험으로서 공표된 저작물을 이용하는 경우가 있습

니다. 우리나라에서는 고등학교 입학 또는 대학 및 대학교, 대학원에 진학하고자 하는 사람을 대상으로 입학시험을 치르는 것이 일반적인데, 이런 경우에는 저작재산권자의 허락이 없더라도 저작물을 복제하여 이용할 수 있습니다.

- 둘째, 그 밖의 학식 및 기능에 관한 시험에 공표된 저작물을 이용하는 경우가 있습니다. 각종 회사에서의 신입사원을 공개로 채용하기 위한 입사시험이나 공무원 및 교사 등을 뽑기 위한 각종 선발시험, 학교에서의 정기적인 학력평가나 모의고사, 자격증 부여를 위한 각종 기능시험 등이 여기에 해당합니다.

- 셋째, 검정을 위해 필요한 경우가 있습니다. 즉, 각급 정규학교를 다니지 않고도 해당 학교의 학업을 이수한 것으로 인정받으려면 각급 과정의 학력 인정 또는 입학 자격 검정고시를 거쳐야 하는데, 그 경우에는 출제를 주관하는 곳에서 시험문제로서 저작물을 복제하여 이용할 수 있습니다.

한편, 여기서 허용되는 것은 시험문제 그 자체로만 복제하는 것이므로, 입학시험에 출제된 문제를 모아 참고서로 펴내는 시험문제집은 해당하지 않습니다. 아울러 시험문제로 삼는 과정에서 무리하게 저작물에 변형을 가하게 되면 저작인격권으로서의 동일성유지권 침해 문제가 발생할 수도 있으므로 주의해야 합니다. 그리고 영리를 목적으로 하는 경우에는 제외된다고 명시하고 있으므로, 영리를 목적으로 여러 저작물을 복제하여 시험문제를 출제하고자 할 때에는 저작재산권자의 허락을 얻어야만 합니다. 또한 시험문제로서의 복제 방식으로 저작물을 이용할 때에는 저작물을 번역해서 이용할 수 있으며, 출처를 명시할 의무는 없습니다.

🧑‍💼 시각장애인 및 청각장애인 등을 위한 복제 등

공표된 저작물은 시각장애인 등을 위해 점자로 복제·배포할 수 있습니다. 아울러 시각장애인 등의 복리증진을 목적으로 하는 시설은 영리를 목적으로 하지 않고 시각장애인 등의 이용에 제공하기 위해 공표된 어문저작물을 녹음하거나 시각장애인 등을 위한 전용 기록방식으로 복제·배포 또는 전송할 수 있습니다.

또, 누구든지 청각장애인 등을 위해서는 공표된 저작물을

한국수어로 변환할 수 있고, 이러한 한국수어를 복제·배포·공연 또는 공중송신할 수 있습니다. 시각장애인의 경우와 마찬가지로 청각장애인 등의 복리증진을 목적으로 하는 시설은 영리를 목적으로 하지 않고 청각장애인

등의 이용에 제공하기 위해 필요한 범위에서 공표된 저작물 등에 포함된 음성 및 음향 등을 자막 등 청각장애인이 인지할 수 있는 방식으로 변환할 수 있고, 이러한 자막 등을 청각장애인 등이 이용할 수 있도록 복제·배포·공연 또는 공중송신할 수 있습니다.

이렇게 시각장애인 및 청각장애인 등을 위해 저작물을 이용하는 경우에는 저작물을 번역해서 이용할 수 있으며, 그 출처를 반드시 명시해야 합니다.

미술저작물 등의 전시 또는 복제

미술저작물 등의 원본 소유자나 그의 동의를 얻은 사람은 그 저작물을 원본에 의해 전시할 수 있습니다. 다만, 가로·공원·건축물의 외벽, 그 밖에 공중에게 개방된 장소에 항시 전시하는 경우에는 저작권자의 허락을 얻어야 합니다.

하지만 개방된 장소에 항시 전시되어 있는 미술저작물 등은 어떠한 방법으로든지 이를 복제하여 이용할 수 있습니다. 다만, 다음 중 어느 하나에 해당하는 경우에는 저작권자의 허락을 얻어야만 합니다.

1. 건축물을 건축물로 복제하는 경우

2. 조각 또는 회화를 조각 또는 회화로 복제하는 경우

3. 개방된 장소 등에 항시 전시하기 위해 복제하는 경우

4. 판매의 목적으로 복제하는 경우

　미술저작물 등의 원본 소유자나 그의 동의를 얻어 전시를 하는 사람 또는 미술저작물 등의 원본을 판매하고자 하는 사람은 그 저작물의 해설이나 소개를 목적으로 하는 목록 형태의 책자에 이를 복제하여 배포할 수 있습니다.

　한편, 위탁에 의한 초상화 또는 이와 유사한 사진저작물의 경우에는 위탁자의 동의가 없는 때에는 이를 이용할 수 없습니다. 이는 초상권과의 관계를 말하는 것으로, 어떤 사람의 위탁에 따라 화가가 초상화를 그렸거나 사진사가 증명사진 등을 찍었다면 그 초상화 또는 사진의 저작권자는 화가 또는 사진사이지만, 거기에 피사(被寫)된 인물의 초상에 따른 인격권도 무시할 수 없으므로 그것을 전시 또는 복제 등의 방법으로 이용할 경우에는 초상의 주인공으로부터도 허락을 받아야 한다는 뜻입니다. 따라서 초상화 등을 어떤 형태로든 이용하고자 하는 사람은 저작권자뿐만 아니라 인격권자로서의 위탁자로부터도 허락을 받아야 합니다. 대부분의 사진관에서 홍보용 사진을 잘 보이도록 전시하고 있는 것을 볼 수 있는데, 만일 이 같은 사진들이 초상의 주인공으로부터 허락을 얻지 않고 전시되었다면 이는 초상권 침해가 될 수 있습니다.

저작물 이용과정에서의 일시적 복제

    컴퓨터에서 저작물을 이용하는 경우에는 원활하고 효율적인 정보처리를 위해 필요하다고 인정되는 범위 안에서 그 저작물을 그 컴퓨터에 일시적으로 복제할 수 있습니다. 다만, 그 저작물의 이용이 저작권을 침해하는 경우에는 허용되지 않습니다. 이는 저작물의 온라인 이용과정에서 수시로 발생할 수밖에 없는 일시적 복제에 대한 것으로, 디지털 기술이 발달하고 인터넷 사용이 보편화함에 따라 저작물 이용 및 유통 환경이 복제물의 '소유를 통한 사용'에서 '접속을 통한 사용'으로 변화하는 양상을 반영하고 있습니다.

    이 같은 양상을 반영하여 우리 저작권법에서도 복제 개념에 '일시적' 복제가 포함됨을 명시하고, 일정한 기준을 충족하는 다양한 형태의 일시적 복제에 대해 포괄적으로 예외를 인정하게 되었습니다. 따라서 정상적인 인터넷 검색, 웹서핑 등은 일시적 복제의 예외인 "원활하고 효율적인 정보처리를 위해 필요한 범위 내"에 해당하기 때문에 저작권자의 허락을 얻을 필요 없이 자유롭게 즐길 수 있습니다.

    또, 컴퓨터 등에서 저작물을 송신받아 이용하거나 컴퓨터 내의 저장매체 등에 저장된 저작물을 이용하는 경우 버퍼링(buffering; 정보의 송수신을 원활하게 하기 위해 정보를 일시적으로 저장하여 처리 속도의 차를 흡수하는 방법)이나 캐싱(caching; 사용자의 요청이 많은 콘텐츠를 별도 서버에 저장해 데이터를 전송하는 방식으로 누리꾼에게 빠른 데이터 전송을 가능케 하는 기술) 등도 모두 여기에 해당합니다.

이미 일시적 복제를 보호하고 있는 국가에서도 일시적 복제를 이유로 정상적인 인터넷 이용이 제한되는 현상은 없었습니다. 일시적 복제를 포함한 복제 행위가 저작권 침해가 되려면 저작물을 고의 또는 과실로 복제해야 하므로 인터넷 이용자가 자신도 모르는 사이에 저작권을 침해하는 경우란 예상하기 어렵기 때문이지요.

다만 일시적 복제가 허용되더라도 "그 저작물의 이용이 저작권을 침해하는 경우"에는 예외가 적용되지 않도록 했다는 점에 유의해야 합니다. 여기서 "그 저작물의 이용이 저작권을 침해하는 경우"란 정당한 이용 허락이 없거나 저작재산권 제한 사유에 해당하지 않는 이용 행위, 저작권법상 저작권 침해로 간주되는 저작물 이용 행위 등을 가리킵니다.

저작물의 공정한 이용

저작물의 통상적인 이용 방법과 충돌하지 않고 저작자의 정당한 이익을 부당하게 해치지 않는 경우에는 저작물을 이용할 수 있습니다. 이때 저작물 이용 행위가 공정한 이용에 해당하는지를 판단할 때에는 다음과 같은 사항 등을 살펴보아야 합니다.

1. 이용의 목적 및 성격

2. 저작물의 종류 및 용도

3. 이용된 부분이 저작물 전체에서 차지하는 비중과 그 중요성

4. 저작물의 이용이 그 저작물의 현재 시장 또는 가치나 잠재적인 시장 또는 가치에 미치는 영향

원래 이 개념은 미국 저작권법에서 온 것으로 이른바 공정이용(fair use)이라는 말로 쓰입니다. 이는 "저작권자가 아닌 사람이 저작권자의 독점적인 권리에도 불구하고 저작권자의 동의 없이 저작물을 합리적인 방식으로 이용하는 특권", 또는 "저작권법을 엄격하게 적용하면 오히려 저작권법이 장려하고자 하는 창작성을 억제하는 경우 그런 엄격한 적용을 법원이 회피할 수 있도록 허용하는 원리"라고 설명되기도 합니다.

결국 특정 저작물에 대한 공정이용 여부는 영리성 여부, 저작물의 종류 및 용도, 이용된 저작물의 비중, 시장에 미치는 영향 등을 종합적으로 따져서 판단할 문제입니다. 나아가 이러한 공정이용 조항은 일정한 범주에 속하는 행위를 저작권 보호의 예외로 규정한 것이 아니라, 특정한 구체적인 행위가 공정행위에 속하는가를 판단하는 기준을 제시한 것입니다. 따라서 유튜브 등 각종 SNS 플랫폼에 올라오는 다양한 저작물처럼 기존 규정으로는 포괄하기 어려웠던 이용 행위는 개별적 검토나 최종적 법원 판결에 따라 그 기준이 결정될 수밖에 없습니다.

요약해 볼까요

4장 '저작권자의 이용 허락이 필요 없는 경우에는 어떤 것이 있을까요?'는 공표권·성명표시권·동일성유지권으로 나뉘는 저작인격권과 복제권·공연권·공중송신권·전시권·배포권·대여권·2차적저작물작성권으로 나뉘는 저작재산권에 대해 자세히 살펴봅니다.

•••• 1 '재판 절차 등에서의 복제'에 관한 규정에 따르면 재판 절차를 위해 필요한 경우이거나 입법·행정의 목적을 위한 내부 자료로서 필요한 경우에는 그 한도 안에서 저작물을 복제할 수 있습니다.

•••• 2 '정치적 연설 등의 이용'에 관한 규정에 따르면 공개적으로 행한 정치적 연설 및 법정·국회 또는 지방의회에서 공개적으로 행한 진술은 어떠한 방법으로도 이용할 수 있습니다.

•••• 3 '공공저작물의 자유이용'에 관한 규정에 따르면 국가 또는 지방자치단체가 업무상 작성하여 공표한 저작물이나, 계약에 따라 저작재산권의 전부를 보유한 저작물은 허락 없이 이용할 수 있습니다.

•••• 4 '학교교육 목적 등을 위한 이용'에 관한 규정에 따르면 고등학교 및 이에 준하는 학교 이하의 학교의 교육 목적상 필요한 교과용 도서에는 공표된 저작물을 게재할 수 있습니다.

•••• 5 '시사보도를 위한 이용'에 관한 규정에 따르면 방송·신문 그 밖의 방법에 의해 시사보도를 하는 경우에 그 과정에서 보이거나 들리는 저작물은 보도를 위한 정당한 범위 안에서 복제·배포·공연 또는 공중송신할 수 있습니다.

•••• 6 '시사적인 기사 및 논설의 복제 등'에 관한 규정에 따르면 정치·경제·사회·문화·종교에 관해 신문 및 인터넷신문 또는 뉴스통신에 게재된 시사적인 기사나 논설은 다른 언론기관이 복제·배포 또는 방송할 수 있습니다.

•••• **7** '공표된 저작물의 인용'에 관한 규정에 따르면 공표된 저작물은 보도·비평·교육·연구 등을 위해서는 정당한 범위 안에서 공정한 관행에 합치되게 이를 인용할 수 있습니다.

•••• **8** '영리를 목적으로 하지 않는 공연·방송'에 관한 규정에 따르면 영리를 목적으로 하지 않고 청중이나 관중 또는 제3자로부터 어떤 명목으로든지 반대급부를 받지 않는 경우에는 공표된 저작물을 공연 또는 방송할 수 있습니다.

•••• **9** '사적 이용을 위한 복제'에 관한 규정에 따르면 공표된 저작물을 영리목적이 아닌 개인적으로 이용하거나 가정 및 이에 준하는 한정된 범위 안에서 이용하는 경우에는 그 이용자는 이를 복제할 수 있습니다.

•••• **10** '도서관 등에서의 복제 등'에 관한 규정에 따르면 도서관법에 따른도서관에서는 그 도서관에 보관된 도서 등을 사용하여 저작물을 복제할 수 있습니다.

•••• **11** '시험문제로서의 복제'에 관한 규정에 따르면 학교 입학시험 그 밖에학식 및 기능에 관한 시험 또는 검정을 위해 필요한 경우 그 목적에맞게 정당한 범위에서 공표된 저작물을 복제·배포할 수 있습니다.

•••• **12** '시각장애인 및 청각장애인 등을 위한 복제 등'에 관한 규정에 따르면 공표된 저작물은 시각장애인 등을 위해 점자로 복제·배포할 수있으며, 시각장애인 등의 복리증진을 목적으로 하는 시설은 공표된어문저작물을 녹음하거나 시각장애인 등을 위한 전용 기록방식으로복제·배포 또는 전송할 수 있습니다.

•••• **13** '미술저작물 등의 전시 또는 복제'에 관한 규정에 따르면 미술저작물등의 원본 소유자나 그의 동의를 얻은 사람은 그 저작물을 원본에 의해 전시할 수 있습니다.

•••• **14** '저작물 이용과정에서의 일시적 복제'에 관한 규정에 따르면 컴퓨터에서 저작물을 이용하는 경우에는 원활하고 효율적인 정보처리를 위해 필요하다고 인정되는 범위 안에서 그 저작물을 그 컴퓨터에 일시적으로 복제할 수 있습니다.

•••• **15** '저작물의 공정한 이용'에 관한 규정에 따르면 저작물의 통상적인 이용 방법과 충돌하지 않고 저작자의 정당한 이익을 부당하게 해치지않는 경우에는 저작물을 이용할 수 있습니다.

5장

저작권을
행사하는 방법에는
어떤 것이 있을까요?

○ 합의금 노린 무분별한 저작권 침해 고소 사건은 없어져야 한다

대검찰청 형사부는 9일 합의금을 노린 무분별한 저작권 침해 고소사건은 별도 수사 없이 즉시 각하 처분하도록 하는 내용의 지침을 마련해 일선 검찰청에 하달했다고 밝혔다. 검찰의 이번 조치는 민사분쟁성 성격이 강한 사건에서 고소제도를 악용해 상대방을 압박하는 수단으로 삼는 것을 막고 이에 따른 형사부 검사들의 수사력 낭비를 막기 위해 이뤄졌다.

일례로 유명 무협소설 작가 A씨는 지난해 9월 자신의 소설이 불법 토렌트 사이트에서 무단으로 공유되고 있다며 검찰에 고소했다. 당시 A씨가 자신의 파일을 업로드한 사람과 다운로드 받은 사람들의 IP주소를 모아 검찰에 고소한 인원만 총 124명에 달했다.

검찰에 따르면 A씨는 이런 방식으로 2007년부터 지금까지 모두 1만1300여 명을 고소했다. A씨는 고소 이후 피고소인의 인적사항이 확인되면 고소 취하를 미끼로 100만 원가량에 합

의를 시도했다. 피고소인 대부분 청
소년이나 사회 초년생인 점과 검찰
수사 과정에서 고소인과 피고소인
이 모두 동의할 경우 인적사항을 서
로에게 알려준다는 점을 악용한 것
이다. 검찰은 A씨가 고소한 사건을
각하했다.

　새 지침이 본격 시행되면 사건을 배당받은 담당 검사가 피
해 금액과 상습 고소인인지 여부 등을 종합적으로 판단해 고소
제도 악용의 고의성이 엿보인다고 판단하면 수사 착수 없이 각
하 처분하고 사건을 종결하는 것이다.

　검찰 관계자는 "저작권 침해 사실을 검찰에 고발하는 것 자
체는 개인의 권리이지만 합의금을 노리고 무분별하게 고소하는
경우 문제가 될 수 있다"며 "민사소송 등으로 해결할 수 있는
사건에 불필요한 수사력을 낭비하지 않고 정말 국민이 필요로
하는 수사에 전념하겠다"고 말했다.

　이번 지침은 문무일 검찰총장 취임 이후 지속적으로 개발·
시행되고 있는 형사부 강화 방침의 일환으로서 대검은 앞으로
도 검찰 수사력 낭비를 최대한 줄여 반드시 수사가 필요한 민생
사건에 주력할 방침이다.

*출처: 법률신문(2018.03.12.), 이정현 기자,
"'합의금 노린 무분별한 저작권 침해 고소사건' 즉시 각하"

○ 다음은 무엇을 나타낸 것인지 살펴봅시다!

1. 저작재산권은 전부 또는 일부를 양도할 수 있다.

2. 저작재산권자는 다른 사람에게 그 저작물의 이용을 허락할 수 있다.

3. 저작권자는 그 권리를 침해하는 사람에 대해 침해의 정지를 청구할 수 있으며, 그 권리를 침해할 우려가 있는 사람에 대해 침해의 예방 또는 손해배상의 담보를 청구할 수 있다.

4. 저작권자는 고의 또는 과실로 권리를 침해한 사람에 대해 그 침해행위에 의해 자기가 받은 손해의 배상을 청구할 수 있다.

5. 저작자 또는 실연자는 고의 또는 과실로 저작인격권 또는 실연자의 인격권을 침해한 사람에 대해 손해배상에 갈음하거나 손해배상과 함께 명예회복을 위해 필요한 조치를 청구할 수 있다.

기본적으로 저작재산권 보호기간이 지나 권리가 소멸된 저작물[14]은 누구든지 마음대로 이용할 수 있습니다. 하지만 현재 저작권법의 보호를 받는 저작물을 이용하려면 이용 방법이 저작재산권의 제한 규정에 해당하지 않는 한 저작재산권을 양도받거나 저작권자로부터 이용허락을 얻어야만 합법적으로 저작물을 이용할 수 있습니다. 이처럼 저작권자가 자기 권리를 행사

---

14 이런 경우 공유 저작물이란 의미에서 퍼블릭 도메인(public domain)이라고 합니다. 곧 저작권(저작재산권)이 소멸되었거나 저작자가 저작권(저작재산권)을 포기한 저작물은 퍼블릭 도메인이 됩니다.

하는 방법은 여러 가지가 있습니다.

🧑 저작재산권의 양도

저작권자는 자신의 저작재산권을 다른 사람에게 "전부 또는 일부" 양도할 수 있습니다. 여기서 '양도'라는 말은 "다른 사람에게 권리를 넘겨준다"는 뜻으로, 땅이나 토지 같은 것의 소유권과는 다른 특징을 보입니다. 예를 들어, 어떤 집을 소유하고 있는 사람이 그 집을 전세의 방법으로 다른 사람에게 임대하고 나서 또 그 집의 소유권을 다른 사람에게 양도할 수는 없는 노릇이지요. 일반적인 소유권에서는 유체물로서의 소유물과 소유권을 분리할 수 없다는 뜻이기도 합니다. 그러나 저작재산권은 다릅니다. 저작재산권 자체를 전부 양도하는 경우에는 소유권과 별 차이가 없지만, 일부를 양도할 수 있다는 점에서는 저작재산권만의 특성을 엿볼 수 있기 때문이지요.

우선 저작재산권의 경우에는 저작물을 이용하는 방법에 따라 그 권리 또한 분리하여 행사할 수 있는 여지가 매우 많다는 점이 특징입니다. 저작재산권으로서의 복제권·공연권·공중송신권·전시권·배포권·대여권·2차적저작물작성권 등이 각각 별개의 재산적 권리이므로, 이용 형태에 따라 권리를 나누어서 양도할 수 있는 것은 당연한 일입니다. 그뿐 아니라 경우에 따라서는 그러한 별개의 재산적 권리조차도 쪼갤 수가 있습니다. 복제권 하나만 살펴보더라도, 저작재산권자는 인쇄의 방법으로 저작물을 복제하려는 출판사업자와 녹음의 방법으로 저작물을 복제하려는 음반사업자, 또는 녹화의 방법으로 저작물을 복제하려는 영상사업자 등에게 복제권을 각각 별도로 양도할 수 있습니다. 어떤 방법으로 복제하느냐에 따라 같은 복제권이라도 완전한 별개의 권리로 쪼개질 수 있는 특성을 지닌 것이 바로 저작재산권이기 때문입니다. 또한 저작재산권자는 하나의 저작물에 대해 종이책의 형태로 출판사에 출판권을 부여하는 동시에 공중송신권이나 배타적발행권을 발휘하여 또 다른 업체 혹은 개인에게 '전자책(e-Book)'을 만들도록 허락할 수도 있습니다.

다음으로는 2차적저작물작성권의 경우에도 저작재산권을 쪼갤 수 있습니다. 예를 들어, 장편소설 한 편을 창작한 작가(저작자)가 있다면, 그는 자기 작품을 원작으로 삼아 다른 나라 글로 번역하는 것은 물론 각색하여 공연에 이용하거나 영상 제작에 이용하려는 사람들에게 각각 별도로 그 부분에 대한 권리를 양도할 수 있다는 뜻입니다. 어디 그뿐인가요. 같은 공연이라도 공연의 주체가 달라진다면 그들에게도 각각 별도의 권리를 양도할 수 있습니다.

또 시간적·공간적 제한을 통해 저작재산권을 이리저리 나누어 줄 수도 있습니다. 먼저 시간적인 측면에서 예를 든다면, 저작재산권자는 자신의 권리를 다른 사람에게 양도함에 있어서 언제부터 언제까지, 즉 '3년'또는 '5년'과 같이 기간을 정할 수 있는데, 그런 경우에 정해진 시간이 지나면 저작재산권은 자동적으로 원래의 권리자에게 돌아오게 됩니다.

그 밖에 공간적 측면에서 예를 든다면, 번역의 방식으로 저작물을 출판함에 있어서 그것을 '한국 내에서만' 또는 '일본 내에서만' 하는 식으로 제한하여 양도할 수도 있습니다. 다만, 그러한 지역적 제한이 국내에서도 가능한지, 즉 '서울특별시 내에서만' 또는 '충청북도 내에서만' 하는 식으로까지 쪼갤 수 있는 것인지는 분명하지 않습니다.

한편, 저작권법에서는 저작재산권을 전부 양도하는 경우라고 하더라도 특별한 약속(특약)이 없을 때에는 2차적저작물을 작성할 권리까지 포함된 것으로 볼 수 없다고 규정하고 있습니다. 저작재산권 전부를 양도하는 계약을 체결함에 있어서 권리를 양도하는 사람이 2차적저작물작성권까지 포함한 전부를 양도한다"는 의사를 명백히 나타내지 않는 한 2차적저작물작성권은 포함되지 않고 원래의 권리자에게 남아 있게 된다는 뜻이지요. 이는 저작권자의 이익을 보호함에 있어서 매우 합리적인 규정입니다. 왜냐하면 저작재산권을 양도해야 하는 상황이라면 대개 저작권자의 입장이 매우 절박한 경우가 많을 것이며, 그렇다면 저작재산권을 양도받으려는 측의 일방적인 요구가 많이 반영된 내용으로 계약이 체결되는 상황을 우려하지 않을 수 없기 때문이지요.

　예를 들어, 어느 소설가가 경제적으로 몹시 궁핍한 상황일
때, 누군가 그가 써 놓은 어떤 작품의 저작재산권 전부를 양도
할 경우 상당액의 금전을 주겠다고 제안한다면 그 소설가는 앞
뒤 잴 겨를 없이 계약을 체결할 가능성이 높습니다. 그랬을 때
저작재산권 전부에 2차적저작물작성권까지도 포함된다면 이후
그 작품의 가치가 매우 높아질 경우에도 소설가는 작품에 대
한 아무런 재산적 권리를 행사할 수 없게 됩니다. 이처럼 경제
적으로 약자의 입장에서 저작재산권을 양도해야 하는 저작권

자를 보호해야 할 필요성이 있는 것이지요.

그러므로 일방적이 아닌 대등한 상황에서 양도계약으로 저작권자가 2차적저작물작성권이 포함되었음을 잘 알고 있거나, 금전적 대가가 그것에 대해서까지 포함하는 것으로 여겨질 정도로 많은 금액이라면 이러한 규정은 적용되지 않습니다. 단지 '저작재산권의 전부' 또는 '일체의 재산적 권리'라는 표현만으로 양도계약이 이루어졌을 때 문제가 된다는 점에서 주의할 필요가 있습니다.

저작물의 이용 허락

저작물 이용에 관한 '배타적 권리[15]'는 당연히 저작권자에게 있습니다. 그러므로 저작재산권자는 자신의 저작물을 제3자에게 양도할 수 있을 뿐만 아니라 일정한 방법으로 저작물 이용을 허락할 수도 있습니다. 저작재산권자는 자신의 저작물을 스스로 이용할 수 있을 뿐만 아니라, 경우에 따라서는 다른 사람에게 이용을 허락하고 적당한 대가를 받음으로써 재산적 이익을 추구할 수 있다는 뜻이지요. 그러므로 저작재산권자로부터

---

15 어느 누구도 권리자의 허락 없이는 저작물을 이용할 수 없다는 점에서 저작권을 배타적 권리라고 합니다.

허락을 얻지 않고 어떤 방법으로든지 저작물을 이용하는 것은 저작권을 침해하는 행위가 됩니다.

일반적인 이용 허락[16]의 유형에는 크게 세 가지가 있습니다.

- **첫째,** '단순 이용 허락'이 있는데, 이 경우 이용 허락을 받은 사람은 저작재산권자가 다른 사람에게 같은 이용 방법이나 조건으로 이용 허락을 해도 아무런 이의를 제기할 수 없습니다.

- **둘째,** '독점 이용 허락'이 있는데, 이 경우 역시 특정의 이용자에게만 이용 허락을 하고 다른 사람에게는 이용을 허락하지 않겠다는 내용의 계약입니다. 하지만 만일 저작권자가 다른 사람에게 이중으로 독점 이용에 대한 허락을 했다면 이용자는 저작권자에게 계약 위반을 추궁할 수 있지만, 제3의 이용자를 상대로는 어떤 제재도 가할 수가 없습니다.

- **셋째,** '배타적 이용 허락'이 있는데, 이 경우는 저작권법에 있어서 배타적발행권 및 출판권의 설정이 대표적인 것으로, 배타적 이용을 전제로 한 계약이 이루어졌다면 이용자는 제3의 이용자에 대해서도 권리의 침해를 주장할 수 있겠습니다.

또 저작재산권자로부터 이용 허락을 얻은 이용자라고 하더라도 "허락받은 이용 방법 및 조건의 범위" 안에서만 그 저작

---

16 라이선스(license)라고도 합니다.

물을 이용할 수 있습니다. 여기서 "허락받은 이용 방법"이란 복사·인쇄·녹음·녹화·공연·방송·전송·디지털음성송신, 그리고 전시 등과 같은 이용 형태는 물론 이용 부수·이용 횟수·이용 시간·이용 장소 등을 포함한 구체적인 이용 방법을 모두 가리킵니다. 그리고 "허락받은 조건"이란 저작물을 이용하는 대가로서 얼마의 금액을 언제까지 지급하기로 한다든가, 별도의 특약을 하는 것 등이라고 할 수 있습니다.

예를 들어, 어떤 사람이 연극 상연을 위한 목적으로 어느 저작물에 대한 이용을 허락받았는데 연극이 아닌 책으로 꾸며서 출판의 방법으로 이용했다면 그것 역시 위법이 된다는 뜻입니다. 또한 저작물을 1년 동안만 이용하기로 계약을 맺었다면 1년이 지난 후에는 이용할 수 없으며, 모든 권리는 다시 원래의 저작권자에게로 귀속되는 것이지요.

아울러 이용 허락을 얻은 사람이라도 저작권자의 동의가 없이 제3자에게 이를 양도할 수 없습니다. 여기서 이용자가 얻은 이용 허락이란 곧 "허락받은 이용 방법과 조건의 범위 안에서 그 저작물을 이용할 수 있는 권리"를 말하기 때문이지요.

예를 들어, 어느 때로부터 3년 동안 출판에 의한 방법으로 저작물을 이용하기로 한 이용자가 1년이 지난 후에 다른 출판업자에게 저작물의 출판에 의한 이용권을 양도할 때에는 반드시 저작권자의 허락이 있어야 하며 그렇지 않을 때에는 역시 저작권을 침해한 것이 된다는 뜻입니다.

출판권과 배타적발행권

● 출판권

저작물을 복제·배포할 권리를 가진 사람(저작재산권자)은 그
저작물을 인쇄 그 밖에 이와 유사한 방법으로 문서 또는 도
화로 발행하고자 하는 사람에 대해 이를 출판할 권리(출판권)
를 설정할 수 있습니다. 여기서 '설정'이란 "쌍방의 계약에 따
라 새로이 배타적 권리를 발생시키는 것"을 말합니다. 따라
서 저작재산권자와의 계약을 통해 출판권을 설정받은 사람
은 '출판권자'가 되며, 설정행위에서 정하는 바에 따라 그 출
판권의 목적인 저작물을 원작 그대로 출판할 권리를 갖게
됩니다. 또 '설정행위에서 정하는 바'라는 표현은 구체적인
계약 내용을 말하는 것으로, 출판권을 설정하는 계약 행위
에 따라 만들어진 계약서에 나타나 있는 내용을 뜻합니다.
'출판권설정계약'에는 출판 시기, 출판 방법, 발행부수, 저작
권사용료 등이 들어 있으며, 출판권자는 그러한 내용대로만
출판권을 행사할 수 있다는 뜻입니다. 아울러 "원작 그대로"
라는 표현은 저작인격권의 일종인 동일성유지권을 보호해야
한다는 뜻이지요. 편집 과정에서 한글맞춤법 또는 표준어규
정, 외래어표기법에서 벗어나는 것을 바로잡는 것은 가능하

지만 저작물의 내용이나 형태를 변형시키는 행위는 별도의 계약이 없는 한 불가능합니다.

그런데 여기서 주의해야 할 것은 출판권자에게 주어지는 권리가 "저작물을 인쇄 그 밖에 이와 유사한 방법으로 문서(文書) 또는 도화(圖畵)로 발행하는 것"으로 제한된다는 점입니다. 인쇄의 방법으로 발행되는 문서 또는 도화란 곧 '도서'를 말하며, 그 중에서도 '종이책'을 가리키는 것입니다. 결국 출판권자는 어떤 저작물을 종이책으로 펴내서 독자들에게 판매할 수 있는 권리를 얻게 된다는 뜻입니다. 이때 저작재산권자와 출판권자가 맺는 계약을 가리켜 '출판권설정계약'이라고 합니다.

● 배타적발행권

저작물을 발행하거나 복제·전송할 권리를 가진 사람(저작재산권자)은 그 저작물을 발행 등에 이용하고자 하는 사람에 대해 출판권을 제외한 배타적 권리(배타적발행권)를 설정할 수 있습니다. 따라서 출판권의 경우와 마찬가지로 저작재산권자와의 계약을 통해 배타적발행권을 설정받은 사람은 '배타적발행권자'가 되며, 저작물을 발행 등의 방법으로 이용할 권리를 갖게 됩니다. 이때 저작재산권자는 그 저작물에 대해 발행 등의 방법 및 조건이 중첩되지 않는 범위 내에서 새로운 배타적발행권을 설정할 수 있습니다.

여기서는 우선 용어의 뜻을 알아볼 필요가 있습니다. 먼저 '발행'이라는 말은 "저작물 또는 음반을 공중의 수요를 충족시키기 위해 복제·배포하는 것"을 가리키며, 배타적발행권의 경우에는 발행 곧 '복제·배포하는 것'뿐만 아니라 '복제·전송하는 것'도 포함하고 있다는 점에 주의해야 합니다. 아울러 '출판권'은 여기서 제외한다고 하였으므로 결국 배타적발행권은 출판권 —저작물을 인쇄 그 밖에 이와 유사한 방법으로 문서 또는 도화로 발행(복제·배포)하는 것— 을 제외한 복제·배포 및 복제·전송하는 것을 모두 포함하는 권리가 됩니다.

결국 출판권에 해당하는 복제란 "인쇄 또는 이와 유사한 방법"으로만 한정되므로 녹음 또는 녹화에 의한 복제와 더불어 복제기술의 발달에 힘입어 새로이 선보이고 있는 비종이책, 즉 오디오북 또는 전자책(e-Book) 등은 배타적발행권의 대상이 됩니다.

이러한 배타적발행권을 저작재산권자로부터 설정받은 사람을 '배타적발행권자'라고 하며, 이때 주고받는 계약을 '배타적발행권 설정계약'이라고 합니다.

한편, "저작재산권자는 그 저작물에 대해 발행 등의 방법 및 조건이 중첩되지 않는 범위 내에서 새로운 배타적발행권을 설정할 수 있다."고 한 것도 눈에 띄는 대목입니다. 즉, 배타적발행권자라 하더라도 허락받은 방법 및 조건 한도 안에서만 권리를 행사할 수 있다는 뜻인데, 그 '방법 및 조건'이 뜻하는 것을 정확하게 계약서에 담아야 하기 때문입니다. 예를 들어, 전자책(e-Book) 하나만 보더라도 그것을 만드는 데 필요한 솔루션[17] 등 기술적 방법이 매우 다양하고, 그것이 구

---

17 솔루션(solution): 사용자 요구에 적합하면서 특정한 형태의 컴퓨터 소프트웨어 패키지나 응용프로그램과 연계된 문제를 처리해 주는 하드웨어 또는 소프트웨어를 가리킵니다. 솔루션은 사용자가 하드웨어, 소프트웨어, 서비스, 응용 프로그램, 파일 형식, 회사, 상표명, 운영체계 등을 일일이 구별해야 하는 어려움을 겪지 않고 원하는 작업을 가능하게 해줍니다.

현되는 디바이스[18] 또한 다양하며, 유통 플랫폼[19]도 다양한 상황이므로, 배타적발행권자는 이것들을 어떻게 활용할 것인지 잘 생각해야 한다는 뜻이기도 합니다.

---

18 디바이스(device) : 일반적으로 어떤 목적을 위해 설계된 기계나 장치를 뜻하며, 주변장치라고도 합니다. 컴퓨터 기술 측면에서 디바이스는 컴퓨터의 케이스나 하우징 안팎에 있는 하드웨어의 일종으로, 컴퓨터에 어떠한 입력을 제공하거나 컴퓨터로부터 출력을 제공받거나 또는 둘 다 수행할 수 있는 능력을 가집니다.

19 플랫폼(platform) : 하드웨어 또는 소프트웨어. 응용 프로그램이 실행될 수 있는 기초를 이루는 컴퓨터 시스템을 뜻합니다. 예를 들면 메인 프레임은 대규모 데이터베이스를 구축하기 위한 플랫폼이며, MS-DOS나 윈도 ME, UNIX 등의 운영체계는 각종 응용 소프트웨어가 실행될 수 있는 플랫폼이 됩니다. 플랫폼이라는 용어는 이제 컴퓨터뿐 아니라 각종 게임이나 PDA 등에 이르기까지 기반 시스템을 가리키는 말로 폭넓게 쓰이고 있습니다. 하나의 플랫폼은 운영체계, 컴퓨터 시스템의 보조 프로그램, 그리고 마이크로프로세서, 논리연산을 수행하고 컴퓨터 내의 데이터 이동을 관장하는 마이크로칩 등으로 구성됩니다. 과거 대부분의 응용 프로그램들은 특정 플랫폼에서만 운용되도록 개발되어 왔지만, 최근에는 개방형 인터페이스를 통해 다른 플랫폼에서도 운용될 수 있도록 설계되고 있습니다.

손해배상청구권의 행사

저작권법의 보호를 받는 권리자 유형에는 저작자뿐만 아니라 저작자로부터 권리를 양도받은 저작재산권자, 저작재산권자로부터 이용 허락을 얻은 배타적발행권와 출판권자, 데이터베이스제작자, 저작인접권자 등이 있습니다. 이들의 권리를 충분히 보호하기 위해서는 이미 발생한 손해의 배상뿐만 아니라 장래에 발생할지도 모르는 침해 행위까지도 미리 방지할 수 있는 제도적 장치가 필요합니다.

따라서 저작권법에서는 저작자 등 권리자들로 하여금 각기 자기의 권리를 침해한 사람에게는 손해의 배상을 요구할 수 있고, 현재 권리를 침해하고 있거나 장래에 침해할 우려가 있는 사람에 대해 그 침해의 정지 또는 예방을 청구할 수 있도록 규정하고 있습니다. 여기서는 손해배상청구권의 구체적 내용에 대해 살펴보기로 하겠습니다.

손해배상이란 법률 규정에 따라 '남이 입은 손해를 메워주는 것'을 말하며, 저작권법에서도 누군가 다른 사람의 저작권을 침해함으로써 그 권리자에게 끼친 손해를 배상하는 것에 대해 규정하고 있습니다. 따라서 저작권자는 자기 권리를 침해한 사람을 상대로 손해배상을 청구할 수 있으며, 그때의 손해 금액은 침해자가 침해 행위로 인해 얻은 이익의 정도로 추정할 수 있습니다. 이때의 손해배상청구는 저작권 침해를 그 원인으로 하며,

이미 발생된 손해의 회복을 목적으로 합니다. 이러한 손해배상 청구권이 발생하려면 다음과 같은 요건이 필요합니다.

- **첫째,** 침해행위 당시에 피해자에게 저작권이 존재해야 합니다.
- **둘째,** 가해자의 고의 또는 과실이 있어야 합니다.[20]
- **셋째,** 권리침해에 따른 위법성이 있어야 합니다.
- **넷째,** 권리침해 때문에 손해가 발생해야 합니다.
- **다섯째,** 권리침해와 손해 발생 사이에 인과관계가 있고, 이를 피해자 측이 입증할 수 있어야 합니다.

그 다음에 가해자의 침해행위와 상당한 인과관계가 있는 손해를 기준으로 손해배상 범위가 산정되지요. 한편, 민법 규정에 따라 손해배상청구권의 소멸시효는 권리침해 사실을 알게 된 날로부터 3년, 권리침해의 사실이 있었던 때로부터 10년입니다.

명예회복청구권의 행사

저작권자가 저작재산권을 침해당한 경우에는 위에서 살펴

---

20 이는 법률상의 불이익을 부과하기 위해 필요한 주관적 요건, 곧 의사능력 또는 책임능력이 있고, 고의 또는 과실이 있어야 한다는 '귀책사유의 원칙'에 근거를 두고 있습니다.

것처럼 손해배상을 청구할 수 있지만, 만일 저작인격권에 손상을 입었다면 어떤 조치를 취할 수 있을까요.

아마도 저작인격권자가 제일 먼저 생각할 수 있는 것이 침해자를 상대로 손해배상과 유사한 금전적 배상을 요구하는 것일지도 모릅니다. 다만, 이는 손해배상 청구가 아닌 '위자료' 청구에 해당하며, 그 액수를 산정하는 것은 정황을 통한 법관의 판단에 따를 수밖에 없습니다.

결국 "명예회복을 위해 필요한 조치"란 신문이나 잡지 등에 정정광고 또는 사과광고를 게재하도록 청구하는 것이 대표적이며, 정기간행물을 통해서 인격적 권리가 침해된 경우에는 같은 간행물의 다음 호에서 정정기사 또는 사과문을 게재하도록 청구하는 것이 일반적입니다. 이러한 조치는 침해자에게 고의 또는 과실이 인정되는 경우에만 청구할 수 있습니다.

그밖에도 저작권법에는 '저작자 사망 후 인격적 이익의 보호'에 관한 규정을 두고 있습니다. 곧 저작자가 사망한 후에 그 유족(사망한 저작자의 배우자·자·부모·손·조부모 또는 형제자매)이나 유언집행자는 해당 저작물에 대해 고의 또는 과실로 저작인격권을 침해하거나 사망한 저작자의 명예를 훼손하는 방법으로 그 저작물을 이용한 사람에 대해 위자료를 청구하거나 명예회복 등의 청구를 할 수 있습니다.

원래 저작인격권은 저작자 일신에 전속되므로 저작자가 사망한다면 그 권리 또한 소멸하는 것이 원칙이지만, 만일 그렇게만 규정한다면 저작자의 인격적 이익이 침해된다고 해도 그가 사망하고 없는 한 현실적인 구제가 불가능하여 저작권법 존재의 가치를 부정하는 결과가 생길 수도 있으므로, 저작자가 사망했더라도 그의 의향을 가장 잘 대변할 수 있는 사람들로 하여금 인격적 침해를 방지하고 훼손된 명예 회복을 위한 노력을 할 수 있도록 배려한 것이지요.

고소

저작권자는 자기 권리를 침해한 사람에 대해 그를 처벌해 달라고 국가에 요구할 수 있는데, 이때 저작권자는 이른바 '고소(告訴)'라는 법적 절차를 밟아야 합니다. 이렇게 권리자의 고소가 있어야만 처벌할 수 있는 범죄를 가리켜 '친고죄'라고 합니다. 즉, 친고죄란 "범죄의 피해자나 그 밖의 법률에 정한 사람의 고소가 있어야 공소를 제기할 수 있는 범죄"를 말하며, 강간죄·강제추행죄·모욕죄·친족상도례(親族相盜例)[21] 등이 대표적이

---

21 강도죄와 손괴죄를 제외한 재산죄에 있어서는 친족간 범죄의 경우 형을 면제하거나 고소가 있어야 공소를 제기할 수 있는 특례가 인정되고 있는데 이를 친족상도례라고 합니다(형법 제328조, 제344조). 형법이 이러한 특례를 인정하는 것은 친족간의 내부 일에는 국가권력이 간섭하지 않고 친족 내부에서 처리하는 것이 사건화하는 것보다 친족의 화평을 지키는 데 좋을 것이라는 취지에 따른 것입니다.

지요.

다시 말하면, 형사상의 범죄는 형사소송법 규정에 따라 검사만이 공소의 제기 즉, 형사소추[22]를 할 수 있는데, 피해자 등의 고소가 없으면 공소를 제기할 수 없는 범죄를 가리켜 친고죄라고 합니다.

이러한 친고죄는 극히 개인적인 사권(私權)에 있어서 그 침해에 대한 형사책임 추궁의 여부는 피해자인 권리자의 판단에 맡기는 것이 적당하다는 취지에서 만들어진 것이라고 할 수 있습니다. 따라서 저작권 관련 침해에 있어서도 개인적 권리와 밀접한 것들은 친고죄로 규정하고 있으며, 친고죄의 공소시효는 "범인을 알게 된 날로부터 6개월"이며 고소를 일단 취소한 경우에는 다시 고소할 수 없습니다.

그러므로 저작재산권자, 저작인격권자, 배타적발행권자, 출판권자, 데이터베이스제작자, 저작인접권자, 복제권자 및 저작자 등이 저작권법에 의해 보호를 받는 권리자로서 침해에 따른 고소권자가 될 수 있습니다.

공동저작물이나 공동실연인 경우에는 그 권리의 침해에 대해 각자가 단독으로 고소할 수 있으며, 고소의 시효나 취소 또

---

22 검사가 특정범죄에 대한 피고인을 기소하여 그 형사 책임을 추궁하는 일을 말합니다.

한 각자에게 별도로 적용됩니다.[23]

아울러 피해자가 사망한 경우에는 형사소송법 규정에 따라 그의 배우자·직계혈족·형제자매가 고소할 수 있습니다.

한편, 저작권 관련 침해죄가 모두 친고죄에 해당하는 것은 아니며, 다음과 같은 경우에는 비친고죄에 해당하여 누구든지 고발(告發; 피해자나 고소권자가 아닌 제3자가 범죄사실을 수사기관에 알려 처벌을 요구하는 일)이 가능하므로 저작물 이용자들은 각별히 주의해야 합니다.

1. 영리를 목적으로 또는 상습적으로 복제, 공연, 공중송신, 전시, 배포, 대여, 2차적저작물작성 등의 방법으로 저작재산권을 침해한 경우[24]

---

23 따라서 공동저작물 등에서처럼 고소권자가 여럿인 경우에는 그 중 한 사람에 대한 고소 기간이 지났다고 하더라도 다른 사람에게 영향을 미치지 않으므로 각 권리자는 자기가 범인을 안 날로부터 6개월 내에 고소를 할 수 있습니다. 아울러 고소의 취소에 있어서도 개별적인 고소권이 인정됨에 따라 한 권리자의 고소 취소가 다른 사람의 고소까지 취소하는 효력을 갖는 것은 아닙니다.

24 영리 및 상습적인 경우에 대한 판단기준(문화체육관광부 예시)
  • 영리란 직접 이익을 얻지 않더라도 그에 상응하는 대가, 이익 등을 제공받는 경우도 포함함.
  • 상습의 경우 저작권 침해와 관련된 전과나 침해 횟수 등이 중요한 판단자료가 되지만 전과가 없다고 하더라도 침해행위의 성질과 방법, 침해 규모, 침해 동기 등의 제반 사정을 참작해 볼 때 습벽이 인정되는 경우에는 상습성을 인정할 수 있을 것임.

2. 영리를 목적으로 또는 상습적으로 데이터베이스제작자의 권리를 복제 · 배포 · 방송 또는 전송의 방법으로 침해한 경우[25]

3. 침해행위로 보는 행위를 한 경우

이처럼 비친고죄를 인정하는 이유는 인터넷 등 디지털 기술이 급속도로 발전하는 오늘날 저작권 침해가 대규모로 그리고 반복적으로 이루어질 수 있고, 그 결과 관련 산업의 피해가 심각해질 것으로 예상되기 때문입니다. 즉, 친고죄 규정에 따라 저작권자인 '개인'이 그 침해 사실을 일일이 알아서 대응하기에는 한계가 있으며 시간 및 비용이 많이 들기 때문에 영리를 목적으로 또는 상습적으로 저작재산권 등을 침해하는 경우에는 비친고죄를 적용하게 된 것이지요. 다만, 침해로 보는 행위 중 "컴퓨터프로그램의 저작권을 침해하여 만들어진 프로그램의 복제물(수입물건 포함)을 그 사실을 알면서 취득한 사람이 이를 업

---

25 저작권법 124조(침해로 보는 행위) ① 다음 각 호의 어느 하나에 해당하는 행위는 저작권 그 밖에 이 법에 따라 보호되는 권리의 침해로 본다.

1. 수입 시에 대한민국 내에서 만들어졌더라면 저작권 그 밖에 이 법에 따라 보호되는 권리의 침해로 될 물건을 대한민국 내에서 배포할 목적으로 수입하는 행위

2. 저작권 그 밖에 이 법에 따라 보호되는 권리를 침해하는 행위에 의하여 만들어진 물건(제1호의 수입물건을 포함한다)을 그 사실을 알고 배포할 목적으로 소지하는 행위

3. 프로그램의 저작권을 침해하여 만들어진 프로그램의 복제물(제1호에 따른 수입물건을 포함한다)을 그 사실을 알면서 취득한 자가 이를 업무상 이용하는 행위

무상 이용하는 행위"에는 비친고죄가 아닌 반의사불벌죄[26] 가
적용됩니다.

벌칙 유형별 범죄 내용

● 5년 이하의 징역 또는 5천만 원 이하의 벌금에 처하거나 이를
병과할 수 있는 범죄

- 저작재산권, 그 밖에 이 법에 따라 보호되는 재산적 권
리를 복제, 공연, 공중송신, 전시, 배포, 대여, 2차적저
작물 작성의 방법으로 침해한 사람
- 저작권 침해 관련 소송 당사자에게 법원이 내일 비밀유
지명령을 위반한 사람

● 3년 이하의 징역 또는 3천만 원 이하의 벌금에 처하거나 이를
병과할 수 있는 범죄

- 저작인격권 또는 실연자의 인격권을 침해하여 저작자

---

26 반의사불벌죄란 피해자가 범죄자의 처벌을 원하지 않는다는 의사를 표시하면 공
소를 제기할 수 없는 범죄를 말합니다. 피해자의 의사와 관계없이 공소를 제기할
수 있으나, 피해자가 처벌을 희망하지 않는다는 의사를 명백히 한 때에는 처벌할
수 없다는 점에서 해제조건부 범죄라고 합니다. 폭행죄, 과실치상죄, 협박죄, 명예
훼손죄 등이 여기에 해당합니다.

또는 실연자의 명예를 훼손한 사람

- 저작권 관련 등록을 허위로 한 사람

- 데이터베이스제작자의 권리를 복제·배포·방송 또는 전송의 방법으로 침해한 사람

- 복제·전송자의 정보를 제공받아 해당 정보를 청구 목적 외의 용도로 사용한 사람

- 업으로 또는 영리를 목적으로 기술적 보호조치를 제거·변경하거나 우회하는 등의 방법으로 무력화한 사람

- 기술적 보호조치를 무력화시키기 위한 장치, 제품 또는 부품을 제조, 수입, 배포, 전송, 판매, 대여, 공중에 대한 청약, 판매나 대여를 위한 광고, 또는 유통을 목적으로 보관 또는 소지하거나, 서비스를 제공한 사람

- 업으로 또는 영리를 목적으로 권리관리정보를 제거하거나 변경한 사람

- 암호화된 방송 신호를 방송사업자의 허락 없이 복호화(復號化)하는 데에 주로 사용될 것을 알거나 과실로 알지 못하고, 그러한 목적을 가진 장치·제품·주요 부품 또는 프로그램 등 유·무형의 조치를 제조·조립·변경·수입·수출·판매·임대하거나 그 밖의 방법으로 전달하는 행위를 한 사람

- 암호화된 방송 신호가 정당한 권한에 의하여 복호화된 경우 그 사실을 알고 그 신호를 방송사업자의 허락 없이 영리를 목적으로 다른 사람에게 공중송신하는 행위를 한 사람
- 저작물 등의 라벨을 불법복제물이나 그 문서 또는 포장에 부착·동봉 또는 첨부하기 위하여 위조하거나 그러한 사실을 알면서 배포 또는 배포할 목적으로 소지하는 행위를 한 사람
- 저작물 등의 권리자나 권리자의 동의를 받은 자로부터 허락을 받아 제작한 라벨을 그 허락 범위를 넘어 배포하거나 그러한 사실을 알면서 다시 배포 또는 다시 배포할 목적으로 소지하는 행위를 한 사람
- 저작물 등의 적법한 복제물과 함께 배포되는 문서 또는 포장을 불법복제물에 사용하기 위해 위조하거나 그러한 사실을 알면서 위조된 문서 또는 포장을 배포하거나 배포할 목적으로 소지하는 행위를 한 사람
- 정당한 권한 없이 방송사업자에게로 송신되는 신호를 제3자에게 송신한 사람

● 1년 이하의 징역 또는 1천만 원 이하의 벌금에 처할 수 있는 범죄

- 저작자가 아닌 사람을 저작자로 하여 실명·이명을 표시하여 저작물을 공표한 사람
- 실연자가 아닌 사람을 실연자로 하여 실명·이명을 표시하여 실연을 공연 또는 공중송신하거나 복제물을 배포한 사람
- 저작자의 사망 후에 그 저작자의 명예를 훼손하는 방법으로 저작인격권을 침해한 사람
- 암호화된 방송 신호가 방송사업자의 허락 없이 복호화된 것임을 알면서 그러한 신호를 수신하여 청취 또는 시청하거나 다른 사람에게 공중송신하는 행위를 한 사람
- 저작권으로 보호되는 영상저작물을 상영 중인 영화상영관 등에서 저작재산권자의 허락 없이 녹화기기를 이용하여 녹화하거나 공중송신한 사람
- 허가를 받지 않고 저작권 신탁관리업을 한 사람
- 저작자의 명예를 훼손하는 방법으로 저작물을 이용하는 행위를 한 사람
- 자신에게 정당한 권리가 없음을 알면서 고의로 복제·전송의 중단 또는 재개 요구를 하여 온라인서비스제공자의 업무를 방해한 사람
- 등록 업무를 수행하면서 직무상 알게 된 비밀을 다른

사람에게 누설한 사람

- **500만 원 이하의 벌금에 처할 수 있는 범죄**
  - 위탁에 의한 초상화 또는 이와 유사한 사진저작물을 위
    탁자의 동의 없이 이용한 사람
  - 저작재산권의 제한 규정에 따라 저작물을 이용하면서
    출처를 명시하지 않은 사람
  - 배타적발행권자 또는 출판권자로서 특약이 없음에도
    복제물에 저작재산권자를 표지하지 않은 사람
  - 배타적발행권자 또는 출판권자로서 특약이 없는데 저작
    물을 재이용하면서 저작재산권자에게 알리지 않은 사람
  - 신고를 하지 아니하고 저작권 대리중개업을 하거나, 저
    작권위탁관리업에 대한 영업의 폐쇄명령을 받고 계속
    그 영업을 한 사람

- **몰수 대상**
  - 저작권, 그 밖에 이 법에 따라 보호되는 권리를 침해하
    여 만들어진 복제물과 그 복제물의 제작에 주로 사용
    된 도구나 재료 중 그 침해자·인쇄자·배포자 또는 공
    연자의 소유에 속하는 것

● 3천만 원 이하의 과태료 부과 대상

- 다른 사람들 상호 간에 컴퓨터를 이용하여 저작물 등을 전송하도록 하는 것을 주된 목적으로 하는 온라인서비스제공자(특수한 유형의 온라인서비스제공자)로서 권리자의 요청이 있음에도 해당 저작물 등의 불법적인 전송을 차단하는 기술적인 조치 등 필요한 조치를 하지 않은 사람

● 1천만 원 이하의 과태료 부과 대상

- 권리주장자의 요청에 따라 절차를 거쳐 복제·전송자의 정보를 제출하라는 문화체육관광부장관의 명령을 이행하지 않은 온라인서비스제공자
- 저작권법에 규정된 의무를 이행하지 않은 저작권 신탁관리업자
- 한국저작권위원회 또는 한국저작권보호원의 이름을 함부로 사용한 사람
- 정보통신망을 통한 불법복제물 등의 삭제 명령 등 문화체육관광부장관의 명령을 이행하지 않은 사람
- 정보통신망을 통한 불법복제물 등의 삭제 명령 등에 따른 통지, 게시, 통보를 하지 않은 사람

요약해
볼까요

5장 '저작권을 행사하는 방법에는 어떤 것이 있을까요?'는 저작권자가 자기 권리를 행사하는 방법에 대해 살피고 있습니다. 현재 저작권법의 보호를 받는 저작물을 이용하려면 이용 방법이 저작재산권의 제한 규정에 해당하지 않는 한 저작재산권을 양도받거나 저작권자로부터 이용 허락을 얻어야만 합법적으로 저작물을 이용할 수 있습니다.

•••• 1 '저작재산권의 양도'에서는 저작재산권 행사 방법 중 '양도'에 대해 살펴봅니다. 곧 저작권자는 자신의 저작재산권을 다른 사람에게 "전부 또는 일부" 양도할 수 있습니다.

•••• 2 '저작물의 이용 허락'에서는 저작재산권 행사방법 중 '이용 허락'에 대해 살펴봅니다. 곧 저작권자는 자신의 저작물을 스스로 이용할 수 있을 뿐만 아니라, 경우에 따라서는 다른 사람에게 이용을 허락하고 적당한 대가를 받음으로써 재산적 이익을 추구할 수 있습니다.

•••• 3 '손해배상청구권의 행사'에서는 손해배상을 청구하는 방법에 대해 살펴봅니다. 곧 저작권법에서는 저작자 등 권리자들로 하여금 각기 자기의 권리를 침해한 사람에게는 손해의 배상을 요구할 수 있다고 규정하고 있습니다.

•••• 4 '명예회복청구권의 행사'에서는 저작인격권 침해에 따른 명예회복의 청구에 대해 살펴봅니다. 그밖에 '저작자 사망 후 인격적 이익의 보호'에 관한 규정에 따라 고의 또는 과실로 고인의 저작인격권을 침해

하거나 사망한 저작자의 명예를 훼손하는 방법으로 그 저작물을 이용한 사람에 대해 위자료를 청구하거나 명예회복 등의 청구를 할 수 있습니다.

••••5 '고소'에서는 권리자의 고소가 있어야만 처벌할 수 있는 범죄로서의 '친고죄'에 대해 살펴봅니다. 곧 저작권자는 자기 권리를 침해한 사람에 대해 그를 처벌해 달라고 국가에 요구할 수 있는데, 이때 저작권자는 이른바 '고소'라는 법적 절차를 밟아야 합니다.

6장

표절과
저작권 침해는
어떻게 다를까요?

○ 베스트셀러 소설 『덕혜옹주』 표절 아니다

표절 논란을 빚고 있는 베스트셀러 소설 『조선의 마지막 황녀 덕혜옹주』(권비영 지음, 다산책방)에 대해 "표절한 것이 아니다"는 국내 전문가 진단이 나왔다.

저작권 전문가인 김기태 세명대 미디어창작학과 교수는 한국출판마케팅연구소가 격주간으로 발행하는 〈기획회의〉 최신호에 기고한 글을 통해 이같이 밝혔다.

지난해 12월 출간된 『덕혜옹주』는 지금까지 60만 부 이상 팔린 올해 최고의 베스트셀러다. 그러나 지난 9월 일본의 여성사 연구가 혼마 야스코 씨가 국내 한 일간지에 기고한 칼럼을 통해 "소설 『덕혜옹주』가 내 책의 내용을 셀 수도 없을 만큼 무단 차용했다"고 주장하면서 표절 논란에 휩싸였다.

혼마 씨는 1998년 일본에서 처음 출간된 평전 『덕혜희』의 저자로 이 책은 2008년 국내에 『대한제국 마지막 황녀 덕혜옹주』로 번역·출간됐다. 그는 또 다른 매체에 실린 "표절 검토 자

료"를 통해 소설『덕혜옹주』가
『덕혜희』에서 43곳에 걸쳐 표
절했다고 주장했다.

그러나 김 교수는 "두 책
을 통독하고 혼마 씨 측에서
제기한 43가지 부분을 중심
으로 비교한 결과 조심스럽게
내린 결론은 '표절이 아니다'
였다"며 "저작재산권을 침해
했다고도 보기 어렵다"고 밝
혔다. 이유는 세 가지다. 혼마 씨가 조사했다고 밝힌 것은 대
개 역사적인 사실일 뿐 창작적인 표현이라고 보기 어렵고, 작
가가 '지은이의 글'에서 『덕혜희』를 참고했다고 밝힌 만큼 소
설이 이 책에 의거한 것은 인정되지만 구체적인 표현으로 거듭
난 소설 문장은 일부 역사적 사실에 대한 표현을 제외하고는
『덕혜희』와 유사하다고 보기 어렵다는 것. 또 (소설은) 특정 역사
적 사실을 바탕으로 작가의 상상력이 가미된 문학작품이라는
점에서 『덕혜옹주』는 불법적인 복제를 했다고 보기 어렵다고
김 교수는 설명했다.

*출처: 한국경제(2010.11.09.), 서화동 기자,
"베스트셀러 소설 『덕혜옹주』 표절 아니다"

○ 한국문단의 표절 시비에 대하여

표절은 시대와 시절에 따라 기준이 변하거나 무뎌지는 '말랑말랑한 관례'가 아니다. 만약 표절에 대한 엄중한 잣대를 무시하고 그 벌을 농락해 지식과 지성과 과학과 문화와 예술 등의 사법체계가 무너지면, 인간과 인간이 공부하고 노동하고 창조하는 모든 것들은 '모럴 헤저드'에 빠져들고 만다.

가장 양심이 없다는 대한민국 국회의원들마저도 논문 표절을 하면 장관이 안 되고, 산악 14좌 등반도 미심쩍은 부분이 발각되면 그 인정이 취소됨과 동시에 산악인으로서의 명예가 박탈된다. 인기 절정의 대중강연자는 논문 표절로 인해 모든 방송 프로그램들에서 일거에 퇴출되고 세계적인 스포츠 스타도 도핑 테스트에 걸리면 평생의 업적이 한순간에 물거품으로 변해버리는 세상이다.

··· 중략 ···

글이란 비록 그 글을 쓴 자가 죽은 다음일지라도 오히려 새 생명을 부여받아 역사와 문화 속에서 자신의 무거운 책무를 감당한다. 어떤 대단한 권력이 협박하고 공격하고 회유하고 은폐하고 조작한다고 한들 단 한 사람만이라도 순정한 마음으로 혼신을 다해 기록한다면 그 기록은 그 기록을 포함하는 모든 것들의 진실을 필요할 적마다 매번 소환해 영원히 증명해낸다는 뜻이다. 이것이 곧 온갖 어둠을 이용해 당대에 설치는 거짓보다 훨씬 강한 참된 글의 빛이며 문학의 위대함이다. 나는 나의 과거와 현재와 미래의 문우들과 함께, 지금 이 순간 오로지 그것만을 믿고 싶은 것이다.

○ 다음은 무엇을 나타낸 것인지 살펴봅시다!

1. 다른 사람의 아이디어나 저작물을 가져다 쓰면서 출처를 밝히지 않는 행위

2. 공부하는 사람이라면 누구나 지켜야 할 규칙과 덕목

3. 연구자가 연구를 수행하면서 지켜야 할 원칙이나 행동양식

4. 특정한 작품의 진지한 소재와 태도, 또는 특정 작가의 고유한 문체를 모방해서 그것을 저급하거나 매우 걸맞지 않은 주제에 적용시키는 것

여러분은 혹시 '윤리적 책임' 또는 '법적 책임'이라는 말을 들어보았나요? 아니면 '표절'이라는 말 또는 '저작권 침해'라는 말은 어떤가요? 대부분의 사람들은 이런 것들이 우리 생활에서 무슨 뜻으로 쓰이는 말인지 잘 알지 못할 것입니다.

앞서 우리는 저작권을 침해하는 경우 그 손해를 배상해야 한다거나 여러 가지 벌칙을 받을 수 있음을 살펴보았습니다. 이 같은 것들이 바로 '법적 책임'에 해당하는 것이므로 여기서는 '윤리적 책임'에 대해 좀 더 자세히 살펴보도록 하겠습니다.

국어사전을 찾아보면 '윤리(倫理)'라는 말은 "사람으로서 마땅히 행하거나 지켜야 할 도리"를 뜻한다고 합니다. 그러므로 우리가 이 세상을 살아가면서 구성원으로서 마땅히 지켜야 할 도리가 있다는 사실을 잊어서는 안 되겠지요. 가정에서는 가족

의 일원으로서 지켜야 할 도리가 있고, 학교에서는 학생으로서 직장에서는 사원으로서 마땅히 지켜야 할 그 무엇이 있다는 뜻입니다. 글을 쓰거나 그림을 그리거나 영화를 만드는 등 각종 창작 활동에 종사하는 사람들도 예외가 될 수 없습니다. 스스로의 노력과 능력으로 창작한 결과물을 통해 사람들에게 감동을 주고 세상에 변화를 가져오는 것이야말로 예술가들이 존재하는 근본 이유가 될 테니까요. 그런데 만일 누군가 다른 사람이 공들여 이루어 놓은 결과물을 슬그머니 훔쳐간다면 어떻게 될까요?

표절

"다른 사람의 아이디어나 저작물을 가져다 쓰면서 출처를 밝히지 않는 행위"는 곧 표절을 뜻합니다. 표절(剽竊, plagiarism)이란 말을 한마디로 요약하면 '저작물 도둑질'입니다. 특히 글쓰기에 있어 남의 글을 훔쳐다가 마치 자기가 작성한 글인 것처럼 꾸미는 행위가 전형적인 표절의 유형이지요.

표절을 한자로 쓰면 '剽竊'이 되고, 영어로는 'plagiarism'이라고 하는데, 동·서양에서 이처럼 달리 쓰이고 있는 말 속에 들어 있는 공통점은 "무엇인가 남의 것을 몰래 훔친다'는 뜻이 깔려 있다는 것입니다. 다른 사람의 아이디어나 표현을 훔치고 그

다른 사람의 글 도용

출처를 제시하지 않고 다른 사람의 글
일부 혹은 전부를 가져와 자신의
글인 것처럼 보이게 하는 행위

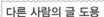

짜깁기

여러 문헌에서 가져온 글의 출처를
제시하지 않고 이리저리 엮어 마치 자신의
글인 것처럼 보이게 하는 행위

아이디어 도용

다른 사람의 고유한 생각을 그 사람의
허락 없이 가져와 쓰거나, 출처를
제시하지 않고 가져와 쓰는 행위

표, 그래프, 데이터, 그림 등의 도용

출처의 제시 없이 표, 그래프, 데이터,
그림 등을 가져와 쓰는 행위

렇게 훔친 것을 자신이 생각하고 창작한 것이라고 슬그머니 주장한다는 뜻이 포함되어 있습니다. 그런데 훔치는 대상이 시장에서 사고파는 물건이 아닌 다른 사람의 생각이나 창작활동의 결과물로서의 '정신적 산물'을 훔친다는 점에서 표절은 단순한 도둑질이 아닌 '지적인 절도(intellectual thievery)'라고 할 수 있습니다. 이 같은 표절은 또한 옆의 그림에서 볼 수 있는 것처럼 여러 가지 유형으로 나눌 수 있습니다. 어떤 식의 표절이든 남의 것을 훔친다는 점에서는 다를 게 없으며, 결국 누군가의 공로를 가로챈다는 점에서 윤리적 비난을 피할 수 없겠지요.

학습 윤리

"공부하는 사람이라면 누구나 지켜야 할 규칙과 덕목"이 가리키는 말은 '학습 윤리'입니다. 이미 '윤리'라는 말의 뜻을 살펴보았듯이 학습 윤리는 한마디로 "공부하는 사람이라면 누구나 지켜야 할 규칙과 덕목"을 뜻합니다.[27] 학교를 포함해서 다양한 경로를 통해 공부하는 과정에 있는 학생들에게 학습 윤리가 필요한 이유는 공부하면서 다른 사람이 앞서 이루어 놓은 여러 업적을 활용하여 자신의 실력을 키워나가기 때문입니다.

---

27 한동대학교(2009), 『한동인을 위한 학습 윤리 가이드북』, p.2.

이때 필요한 것이 바로 다른 사람의 업적을 인정하고 존중하는 태도이며, 이는 대체로 자신이 활용하는 다른 사람의 업적에 대해 올바르게 인용하고 정확하게 출처를 표시하는 행위로 나타나게 되는 것이지요. 곧 학습 윤리를 통해 학생들은 배우는 과정에서 지켜야 할 도리가 무엇인지 알게 되고, 그것을 실천할 수 있는 능력을 기르게 됩니다. 이 같은 학습 윤리의 필요성을 정리하면 다음과 같습니다.[28]

- 첫째, 학교에서 학문을 탐구하는 이유가 바로 진리를 추구하는 데 있기 때문입니다.
- 둘째, 정직한 학습활동만이 순수한 학습능력을 키워 주기 때문입니다.
- 셋째, 우리가 학문을 탐구하면서 익혀야 하는 것은 다양한 학술적 지식만이 아니라 학문하는 올바른 태도이기 때문입니다.
- 넷째, 정직하지 않은 학습행위는 공정한 평가를 왜곡할 수 있기 때문입니다.

나아가 이러한 학습 윤리가 '공부하는 사람들 사이의 규칙'으로 자리를 잡아야 하는 이유도 몇 가지로 정리해 볼 수 있습니다.[29]

---

28 가톨릭대학교 교양교육원(2010), 『가톨릭대학교 대학생 학습 윤리 가이드북』, p.9 참조.
29 한동대학교(2009), 위의 자료, pp.5~12 참조.

우선 "모든 공부하는 사람은 학문 및 예술 세계에 속해 있고, 해당 분야에서 독창적 활동을 통해 그 세계가 더욱 풍성해지며, 이때 독창성은 아무것도 없는 상태에서 나오는 것이 아니라 이미 누군가 이루어 놓은 성과에 기대서 나오는 것"이라는 사실을 잊어서는 안 됩니다. 결국 배움의 과정에 있는 학생은 향후 자기가 속한 세계를 발전시킬 수 있는 독창성을 기르기 위해 연습하는 사람이라는 점에서 '독창성을 통한 사회에 기여'를 준비하는 과정이라고 할 수 있습니다.

또, '다른 사람의 업적을 인정한다'는 측면도 지나칠 수 없겠지요. 이는 주로 '인용'이라는 방식을 통해 이루어지는데, 그렇다면 이처럼 다른 사람이 이루어 놓은 결과를 참조할 때 인용 방식을 취하는 이유는 무엇일까요?

- **첫째,** 그 사람의 노력을 인정하고 결과의 가치를 칭찬하는 것입니다.
- **둘째,** 나의 결과물을 이용하는 사람들이 내가 인용한 자료들을 찾아볼 수 있도록 배려하는 동시에, 자신의 결과물에서 인용한 부분이 정당화될 수 있는지 검증받기 위해서입니다.[30]

그러므로 다른 사람이 이루어놓은 것을 자신의 것처럼 속이

---

30 국가과학기술인력개발원, 『학습 윤리 가이드: 배우고 익히는 우리의 자세』, pp.19~45 참조.

는 행위, 즉 '표절'이 잘못된 이유는 다른 사람의 독창적 기여를 인정하지 않았기 때문입니다. 그렇다면 학교 현장에서 흔히 볼 수 있는 것으로 학습 윤리에 어긋나는 행위에는 어떤 것들이 있을까요?

- 첫째, 표절이 있습니다. 학습 윤리 위반사례 중 가장 흔하고 나쁜 행위로 알려져 있는 것으로, 이는 인터넷 자료를 마구 가져다 짜깁기하는 등 다른 사람의 아이디어나 글 등을 가져다 쓰면서 출처를 밝히지 않음으로써 마치 자기가 만든 것처럼 꾸미는 행위를 가리킵니다.
- 둘째, 위조와 변조가 있습니다. 위조는 거짓으로 실험이나 관찰, 조사 등을 통해 얻은 결과인 것처럼 보고하거나 제출하는 행위를, 변조는 사실을 왜곡해서 적거나 데이터를 조작하는 행위를 말합니다.
- 셋째, 과제물 구매 및 양도가 있습니다. 이는 자신이 직접 과제물을 작성하지 않고 인터넷을 통해 과제물을 사서 제출하는 행위, 자신의 과제물을 다른 사람에게 주거나 다른 사람이 작성한 과제물을 받아 제출하는 행위 등을 말합니다.
- 넷째, 중복 제출이 있습니다. 이는 다른 수업에서 이미 제출했던 과제물을 마치 새로 작성한 것처럼 제출하는 행위를 말합니다.
- 다섯째, 협동학습에서의 무임승차 행위가 있습니다. 이는 협동학습을 위해 팀별 활동을 하면서 거기에 참여하지 않거나 자신에게 주

어진 역할을 제대로 이행하지 않은 참여자가 과제물 작성에 참여한 것처럼 이름을 올리는 행위를 말합니다.

● **여섯째,** 그 밖에 학습 윤리에 어긋나는 행위로는 대리 출석, 무단 조퇴, 시험 부정행위 등이 있습니다.

이처럼 학문을 탐구할 때 요청되는 윤리는 교사나 교수 등 학자를 비롯하여 대학원에 다니는 전문 연구자나 초·중·고등학생, 그리고 대학생 모두에게 동일하게 적용되지만, 특히 대학생 이하의 학생들에게 요구되는 윤리를 '학습 윤리'라고 합니다. 따라서 학습 윤리는 "초·중·고등학생, 그리고 대학생의 학습과정에서 요구되는 윤리로써, 수강 및 출석(학습, 발표 등), 과제물 작성 및 제출, 시험 등 모든 학습활동에서 지켜야 할 윤리"[31] 를 뜻하는 것으로 요약할 수 있습니다.

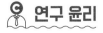 연구 윤리

학습 윤리를 통해 미루어 짐작할 수 있는 것처럼 연구 윤리는 "연구자가 연구를 수행하면서 지켜야 할 원칙이나 행동양

---

31 김기태(2018), 『김기태의 저작권 수업』, 맥스미디어, p.107.

식"[32] 을 가리킵니다. 연구의 성과는 결과의 우수성으로 나타나지만, 만일 결과가 정당한 방식과 정확한 근거를 바탕으로 도출된 것이 아니라면 그 성과는 믿을 수 없는 것이 되고 만다는 점에서 연구 윤리의 중요성이 점점 커지고 있지요. 이러한 연구 윤리 위반행위는 주로 연구부정행위(위조, 변조, 표절 등)와 연구부적절행위(중복 게재 등)로 나뉘는데, 교육부 훈령인 「연구 윤리 확보를 위한 지침」에서는 연구 윤리의 범위를 '연구부정행위' 중심으로 규정하고 있습니다.

교육부에서 제시하고 있는 연구부정행위의 유형은 다음과 같습니다.

- **위조** 존재하지 않는 연구 원자료 또는 연구 자료, 연구 결과 등을 허위로 만들거나 기록 또는 보고하는 행위
- **변조** 연구 재료 · 장비 · 과정 등을 인위적으로 조작하거나 연구 원자료 또는 연구 자료를 임의로 변형 · 삭제함으로써 연구 내용 또는 결과를 왜곡하는 행위
- **표절** 일반적 지식이 아닌 타인의 독창적인 아이디어 또는 창작물을 적절한 출처 표시 없이 활용함으로써, 제3자에게 자신의 창작

---

32 경제 · 인문사회연구회(2016), 『국책연구기관 연구 윤리 평가 규정 및 사례』, p.6 및 한국연구재단, 「연구 윤리 확보를 위한 지침」 참조.

물인 것처럼 인식하게 하는 행위[33]

- 부당한 저자 표시 연구 내용 또는 결과에 대해 공헌 또는 기여를 한 사람에게 정당한 이유 없이 저자 자격을 부여하지 않거나, 공헌 또는 기여를 하지 않은 사람에게 감사의 표시 또는 예우 등을 이유로 저자 자격을 부여하는 행위[34]
- 부당한 중복 게재 연구자가 자신의 이전 연구 결과와 동일 또는 실질적으로 유사한 저작물을 출처 표시 없이 게재한 후, 연구비를 수령하거나 별도 연구업적으로 인정받는 경우 등 부당한 이익을 얻는 행위

이처럼 연구 윤리는 설령 다른 사람에게 직접적인 손실 또는 피해를 주지 않는다 하더라도 '자율적으로 지켜져야 하는 준칙'입니다.[35]

---

33 타인의 연구 내용 전부 또는 일부를 출처를 표시하지 않고 그대로 활용하는 경우, 타인의 저작물의 단어·문장구조를 일부 변형하여 사용하면서 출처 표시를 하지 않는 경우, 타인의 독창적인 생각 등을 활용하면서 출처를 표시하지 않은 경우, 타인의 저작물을 번역하여 활용하면서 출처를 표시하지 않은 경우 등이 여기에 해당합니다.

34 연구 내용 또는 결과에 대한 공헌 또는 기여가 없음에도 저자 자격을 부여하는 경우, 연구 내용 또는 결과에 대한 공헌 또는 기여가 있음에도 저자 자격을 부여하지 않는 경우, 지도학생의 학위논문을 학술지 등에 지도교수의 단독 명의로 게재·발표하는 경우 등이 여기에 해당합니다.

35 경제·인문사회연구회(2016), 앞의 자료, p.7.

🔍 표절과 저작권 침해

지금까지 살펴본 표절 등 윤리적 개념과 저작권 침해는 어떤 차이점이 있을까요?

흔히 학습 윤리 혹은 연구 윤리 위반 행위로서의 '표절'을 법적 개념으로서의 '저작권 침해'와 혼동하는 경우가 많이 있습니다. 이미 살핀 것처럼 표절은 "자신의 글에서 '적절한 인용'을 하지 않음으로써 타인의 생각이나 표현이 마치 자신의 생각이나 표현인 것처럼 제시하는 부정직함과 학술논문으로서의 독창성을 지니지 못함에도 불구하고 독자로 하여금 창의적인 저작물로 보이게 하는 지적인 속임수"[36] 로서 윤리적 지탄의 대상이 됩니다. 반면에 저작권 그 중에서도 저작재산권 침해가 성립하기 위해서는 다음과 같이 세 가지 요건이 충족되어야 합니다.

- 첫째, 창작성이 있는 표현을 복제해야 합니다. 저작권법에서는 창작성이 인정되는 표현만을 보호하기 때문입니다.
- 둘째, 어떤 기존의 저작물에 의거하여 작성했거나 혹은 작성된 복제물이 실질적으로 기존의 저작물과 비슷해야 합니다. 의거와 실질적 유사성의 관계를 살펴보면, 의거를 했으나 실질적 유사성이

---

36 신광영(2006), 「표절과 연구 윤리」, 한국학술진흥재단 연구 윤리 정책연구 세미나 자료(2006.10.9.)

없으면 2차적저작물이 되는 것이며, 의거를 하고 실질적 유사성도 있으면 저작재산권 침해물이 되는 것이고, 실질적 유사성은 있으나 의거를 하지 않았으면 우연의 일치로서 별개의 독립 저작물이 되기 때문입니다.

● 셋째, 불법적인 복제라야 합니다. 저작권법에서는 공공저작물의 자유이용을 포함해서 저작재산권의 제한에 따른 저작물 이용 등이 있으므로 이러한 규정에 해당하여 불법복제가 아니라면 저작재산권 침해 문제가 있을 수 없기 때문입니다.

위와 같은 요건이 충족되는 저작권 침해라면 권리자는 저작권을 침해한 사람에게 법적 책임을 물을 수 있습니다. 앞서 살핀 것처럼 손해배상 또는 명예 회복을 청구할 수도 있고, 고소 절차를 통해 처벌을 받게 할 수도 있는 것이지요. 하지만 '법보다는 사람이 우선'이라는 생각을 바탕으로 혹시 권리의 오용(誤用)이나 남용(濫用)은 없는지, 즉 권리를 잘못 사용하거나 함부로 행사하는 측면은 없는지 미리 살펴보는 것이 중요합니다.

패러디와 오마주[37]

　남의 저작물을 모방해서 나온 결과물과 관련하여 생각해야 할 문제가 있는데, 그것은 바로 '패러디(parody)' 기법입니다. 패러디란 원래 문학에서 "특정한 작품의 진지한 소재와 태도, 또는 특정 작가의 고유한 문체를 모방해서 그것을 저급하거나 매우 걸맞지 않은 주제에 적용시키는 것"[38]을 말합니다. 따라서 문학 또는 예술 창작에 있어서 패러디는 얼마든지 일어날 수 있는 것이지요. 하지만 그것이 진정한 의미에서 패러디라면 패러디라고 여겨질 수 있을 정도의 작품성이 있어야 하며, 그렇지 못하다면 무단복제에 불과하므로 저작권 침해 또는 표절에 해당할 수 있습니다.

　또 다른 의미에서 패러디란 모방의 대상이 되는 '원저작물'에 대한 '새로운 해석'이자, 패러디한 사람이 '새로운 의미'를 창조하는 소통 과정이라고 할 수 있습니다. 이 소통이 최종적으로 '독자'에 의해 완성되면, '독자'는 '원저작물'과 '패러디 저작물'을 비교하여 두 저작물 사이의 연관성을 발견합니다. 그 안에서 패러디한 사람의 의도도 간파해내는 것이지요. 원저작물이 주는

37　김기태(2018), 「문예창작 분야에서의 학습 윤리와 연구 윤리」, 한국문예창작학회 편, 《한국문예창작》 제44호 참조.

38　권택영·최동호 편역(1985), 『문학비평용어사전』, 새문사, p.292.

의미가 패러디 저작물에서 어떻게 변했는지 확인하는 한편, 그런 변화를 통해 발생하는 새로운 의미를 하나 더 부여하는 것입니다. 결국 패러디란 단순히 원저작물을 베끼거나 도용하는 것이 아니라, 원저작물이 갖고 있는 고유의 의미를 다양한 방식으로 변화시켜 새롭게 창의성을 띠는 패러디 저작물을 만들어 내는 일입니다. 이 같은 과정 속에서 패러디는 두 저작물이 서로에게 응답하는 윤리를 확보하게 됩니다.[39]

또, 다른 작가나 감독의 업적과 재능에 대해 존경의 뜻을 담아 특정한 장면이나 대사를 모방하는 오마주(hommage) 역시 표절과 구별해서 판단해야 한다고 생각합니다. 프랑스어로 '감사', '경의', '존경'을 뜻하는 '오마주'는 감독이 영화를 만들 때 자신이 평소에 존경했던 다른 영화감독에 대한 일종의 헌사로서 특정한 장면을 모방하는 기법입니다. 영화를 만들면서 자신이 존경하는 사람의 업적과 재능에 대한 일종의 경배 차원에서 이루어진다는 점에서 표절과는 다릅니다.

결국 표절은 다른 사람의 창작물을 훔쳐서 자신의 것으로 둔갑시킨다는 점에서 다른 사람의 창작물을 본떠 나름대로 재창조한 패러디나 오마주 같은 모방과는 구별됩니다. 위에서 설명한 패러디 또는 오마주도 다른 사람의 저작을 차용한다는 점에서는 마찬가지지만, 기본적으로 원전을 밝히고 그것을 풍자

---

39 정끝별(2017),『패러디』, 모악 참조.

적·해학적으로, 또는 존경하는 마음을 담아 표현한다는 점에서 다른 사람의 공로를 인정하지 않는 표절과 구분되는 것이지요.

다시 한 번 생각해 봅시다. 저작물을 창작한 사람에게 '저작권'이라는 권리를 부여해서 굳이 보호하는 이유는 무엇일까요? 저작권을 보호하지 않는다면 학생들뿐만 아니라 많은 사람들이 손쉽게 다른 사람의 저작물을 이용함으로써 여러 모로 편리할 텐데, 왜 굳이 저작권을 법으로 보호함으로써 우리 생활에 불편을 끼치는 걸까요?

지금까지 공부한 내용을 바탕으로 다음과 같은 생각을 함께 나누면 좋겠습니다.

저작권은 윤리적·도덕적·법적 측면을 고루 갖추고 있습니다. 법적 강제력으로만 저작권 보호를 달성할 수는 없습니다.

권리자 및 이용자 모두가 윤리적이고 도덕적인 이해를 해야하며 이와 더불어 실천이 뒤따라야만 저작권을 보호할 수 있습니다. 인간의 창의적 활동과 저작권 보호는 결국 서로에게 반드시 필요한 요소라고 할 수 있습니다.

창작 활동과 저작권은 아름다운 만남의 주체가 되어야 합니다. 저작권은 창작 활동의 든든한 후원 기능을 담당하고, 창작자는 저작권 행사와 공정이용을 수행함으로써 서로를 드높이는 관계로 나아가야 합니다.[40]

---

40 김기태(2016), 『저작권: 카피라이트냐? 카피레프트냐?』, 내인생의책, p.114.

학습 윤리도 마찬가지입니다. 만일 학습 윤리를 지키지 않는 학생이나 학습 윤리를 잘 지키는 학생이 똑같은 기준으로 평가를 받고 점수를 얻는다면 그것은 공정한 결과라고 할 수 없습니다. 나아가 학습 과정에서조차 윤리의식을 갖지 못한다면 어른이 되어서도 사회를 위한 윤리의식을 가질 수 없을 것이고, 더구나 우리 사회의 지도자로 성장하는 과정에서 큰 걸림돌이 될 수밖에 없습니다.

설사 학습 윤리를 어겨서 좋은 점수를 얻은 학생이 좋은 대학에 가고, 유명인사가 되고, 우리 사회의 지도자가 된다 해도 그는 훌륭한 지도자가 아닌 자기 이익밖에 모르는 이기주의자가 될 가능성이 큽니다.

모두에게 공정한 기회가 주어지고, 부지런한 가운데 노력을 많이 기울인 사람이 더 좋은 결과를 얻고, 뛰어난 창작물을 만들면 그에 따르는 대가가 충분히 주어지는 세상이 되어야 합니다. 그리하여 학습 윤리를 잘 지키는 사람이 훌륭한 사회인으로, 탁월한 연구자로, 우리 국가와 민족을 풍요롭게 하는 지도자로 성장할 것이라는 믿음을 간직한 사람들이 많아지기를 간절히 바랍니다.

올바른 인용 방법을 알아봅시다

1. 인용이란 무엇일까요?

인용(引用; quotation)이란 "다른 사람이 작성한 저작물의 내용 가운데에서 한 부분을 참고로 끌어다 쓰는 것"을 말합니다. 특히 어문저작물을 작성함에 있어서는 매우 흔한 것이 바로 인용이지요.

그런데 학생들뿐만 아니라 많은 사람들이 저작권법에서 규정하고 있는 인용에 대해 제대로 이해하지 못하고 있는 것 같습니다. 아무렇게나 인터넷 검색을 통해 여기저기서 저작물을 내려받아 짜깁기해 놓고는 '인용'이라고 생각하는가 하면, 다른 사람의 저작물을 가져다 쓰면서 출처를 밝혔으니 아무런 문제가 없다고 생각하는 사람들이 많기 때문이지요.

글쓰기에 있어서 자기 설명이나 주장을 제대로 뒷받침하기 위해서는 다른 사람의 믿을 만한 저작물이나 권위 있는 자료에 바탕을 두고 있음을 제시하는 것이 매우 중요합니다. 그래서 정당한 인용을 위해서는 인용부호(따옴표)를 활용해서 내 글이 아님을 나타내 주면서 정확한 출처를 표시해 주어야 합니다. 내가 만들지 않은 표나 그림, 사진 등에도 마찬가지로 출처를 표시해 주어야 합니다.

인용은 학습 윤리나 연구 윤리에서도 중요한 문제이지만, 법률 규정에서도 그 근거를 찾아볼 수 있습니다. 현행 저작권법 제28조에 따르면 공표된 저작물은 "보도·비평·교육·연구 등을 위해서는 정당한 범위 안에서 공정한 관행에 합치되게" 이를 인용할 수 있습니다. 즉, 공표된 저작물을 보도·비평·교육·연구 등의 목적으로 '인용'하는 것은 저작재산권 침해가 아니라는 뜻이지요. 하지만 앞서 살핀 것처럼 그것은 어디까지나 정당한 범위 안에서 이루어져야 하고, 공정한 관행에 합치되는 방법이어야 합니다.

2. 올바른 인용은 어떻게 하는 것일까요?

인용은 남의 저작물을 어떤 방식으로 인용하느냐에 따라 직접인용, 간접인용, 재인용으로 나눌 수 있습니다. 직접인용은 남의 글을 원문 그대로 가져오는 것을 말하고, 간접인용은 원문을 요약하거나 자기 문체로 바꾸어 이용하는 것을 말합니다.

재인용은 직접 원문 출처를 확인해서 인용할 부분을 가져오는 것이 아니라 다른 사람이 먼저 인용해 놓은 것을 그대로 다시 가져오는 방식입니다.

직접 인용	직접인용을 할 경우, 인용한 부분을 인용부호(큰따옴표)로 표시하고 출처를 밝힌다.
간접 인용	간접인용에서는 인용부호를 사용하지 않는다. 하지만 인용의 범위가 명확하게 드러나도록 해야 한다.
재인용	일반적으로 학술적인 글에서 재인용은 바람직하지 않다. 부득이 다른 사람이 인용한 글을 재인용해야 할 때는 '재인용'이라고 표시해야 한다.

*출처: 국가과학기술인력개발원, 『학습 윤리 가이드: 배우고 익히는 우리의 자세』, p.56.

(1) 직접인용

직접인용은 다음 예시에서 보는 것처럼 남의 글을 가져와 자기 글 속에 넣으면서 인용부호(큰따옴표)로 표시하고, 그 출처를 밝혀주는 방식입니다.

올바른 인용의 예

독자의 책 읽기 과정은 적어도 세 단계의 과정을 포함한다. "첫째는 독자가 어떤 책과 작품을 선택하는 과정, 두 번째는 책을 읽어가는 해석·해독의 과정, 세 번째는 책을 읽은 뒤 책 읽기의 영향에 의해 자신의 삶을 재구조화하는 과정"[1]이다. 그러므로 독서는 고도의 지적 능력을 필요로 하는 대단히 복잡한 정신 작용으로서 다양한 지적 기능들이 한데 어울려 통합적으로 작용하는 정신 활동이라고 할 수 있다. 따라서 일선 학교에서의 독서 교육은 독서의 본질과 원리를 이해하고, 독서 기능을 체계적으로 습득하며, 독서에 대한 올바른 태도의 습관을 형성함으로써 학생들의 독서 능력을 보다 높은 수준으로 향상시킬 수 있다는 점을 전제로 이루어져야 한다.

---

1 천정환(2003), 『근대의 책 읽기』, 푸른역사, p.47.

잘못된 인용의 예

독자의 책 읽기 과정은 독자가 어떤 책과 작품을 선택하는 과정, 책을 읽어가는 해석·해독의 과정, 책을 읽은 뒤 책 읽기의 영향에 의해 자신의 삶을 재구조화하는 과정 등 적어도 세 단계의 과정을 포함한다. 그러므로 독서는 고도의 지적 능력을 필요로 하는 대단히 복잡한 정신 작용으로서 다양한 지적 기능들이 한데 어울려 통합적으로 작용하는 정신활동이라고 할 수 있다. 따라서 일선 학교에서의 독서 교육은 독서의 본질과 원리를 이해하고, 독서 기능을 체계적으로 습득하며, 독서에 대한 올바른 태도의 습관을 형성함으로써 학생들의 독서 능력을 보다 높은 수준으로 향상시킬 수 있다는 점을 전제로 이루어져야 한다.

위에 나오는 잘못된 인용의 예를 보면 따옴표를 사용하지 않음으로써 다른 사람의 글과 자신의 글을 구별할 수 없게 되어 있지요. 이런 게 바로 표절이라는 중대한 잘못으로 이어지는 이유가 됩니다. 다만, 직접인용하는 글이 여러 문장으로 이루어져 긴 경우에는 행을 바꾸고 좌우여백을 둔 문단을 따로 만든 다음 출처를 밝혀주기도 하는데, 이때에는 따옴표를 해주지 않아도 됩니다.

긴 인용문의 예

책 읽기를 포함하여 무언가를 '읽는 행위'가 낯설게 여겨지는 디지털 시대임에도 "인터넷의 등장으로 인해 유형화된 책의 독자가 위축되거나 정체되어 있는 것은 사실이나, 그럼에도 불구하고 인터넷은 구텐베르크 이후 최대의 텍스트를 독자들에게 선물해 주고"[1]있다는 견해는 어떤 의미를 담고 있을까. 인터넷을 중심으로 한 새로운 읽기 방식, 즉 독서는 고정된 형식의 책을 읽는 것이 아니라 유동적이고 다양한 플랫폼을 통해 이루어진다는 점에서 그렇다는 뜻을 담고 있는 게 아닐까. 실제로 오늘날 디지털 시대의 독자들은 블로그, 이메일, 하이퍼텍스트, 디지털 종이, 모바일 미디어 등을 통해 독서를 하는 경우가 많다. 급기야 전통적인 독서 방식으로서의 '읽기'

혹은 '독서'는 이제 '서칭(searching)' 또는 '브라우징(browsing)', '다운로드(download)' 등의 용어로 대체되기도 한다. 다음과 같은 견해는 오늘날 새로운 개념으로 진화하고 있는 '독서'의 단면을 잘 보여준다.

독서는 음독(音讀)에서 묵독(默讀)으로, 그리고 묵독은 집중형 독서에서 분산형 독서를 거쳐 이제 '검색형' 독서로 변하고 있다. 서적사가들은 대체로 집중형 독서에서 분산형 독서로 이월한 시기를 18세기로 본다. 18세기는 산업혁명에 따른 문화 르네상스와 프랑스혁명 등으로 인해 새로운 독자층이 대거 유입된 시기이다. 과거에 교양계층이 아니었던 사람들, 즉 여성이 열심히 책을 읽기 시작했다. 그리고 21세기에 독서는 '검색'이란 행위로 말미암아 다시 혁명적 전환을 맞고 있다. 전문검색이라는 수단을 통한 '디지털 독서'를 독서라고 보아야 하느냐는 반론이 있을 수 있지만 독서환경은 급속하게 변하고 있으며 이미 대중은 그에 '중독'되어 있다. 유동의 전자 텍스트는 아직까지 질을 보장할 수 없지만 어쨌든 읽는 행위인 것만은 분명하며 앞으로 점차 세를 키워갈 것이다. 디지털 공간은 매체 이동이 자유롭고 매체에 주어지는 각종 제약에서도 자유롭다. 또한 '읽는'다는 행위가 '텍스트 그 자체'까지도 조작할 수 있게 한다. 일종의 '편집' 행위가

'읽는' 행위에도 개입되기 시작한 것이다.[2]

---

1 노병성(2008), 「아날로그와 디지털 텍스트의 독서 패러다임에 관한 고찰」, 한국출판학회 편, 『한국출판학연구』 제54호, 한국출판학회, p.168.
2 로제 샤르티에 · 굴리엘모 카발로 엮음, 이종삼 옮김(2006), 『읽는다는 것의 역사』, 한국출판마케팅연구소, 표지 날개.

(2) 간접인용

간접인용을 할 때에는 인용부호(따옴표)를 사용하지 않는 대신에 인용한 부분의 범위가 명확하게 드러나도록 해야 합니다.

올바른 인용의 예

모든 학계를 통틀어 통용되는 사실 중 하나가 바로 "객관적인 학문적 결과란 없다"는 것이다. 이 말은 그만큼 인문·사회과학뿐만 아니라 자연과학 분야의 연구자들에게도 주관의 개입이 불가피하다는 뜻을 담고 있다. 이런 학계의 현실에 대하여 '지식의 불확실성'을 주장하는 이매뉴얼 월러스틴 같은 학자는 어떤 새로운 과학적 주장이 유효하거나 타당한지 우리는 알 수 없다는 사실을 강조한다.

지식이 복잡하게 전문화하고 각각의 특정한 과학적 진술에 대해 극소수를 제외한 대부분의 사람들은 제출된 증거의 질이나 자료 분석에 적용된 이론적 논거의 엄밀성을 합당하게 판단할 능력이 없다는 것이다.[1]

그러면서 "그것이 사리에 맞는다고 생각하는 근거는 무엇이겠는가?"라고 물으며 이내 스스로 "우리는 저명한 권위에 의해 축적된 증거들을 기준으로 삼는 경향이 있다"고 대답한다. 이어 "우리는 인용된 학자나 저널의 증언에 대한 신뢰도를 어디에서 얻는가?"라는 질문과 함께 그것은 기록된 형태로는 좀처럼 존재하지 않는다는 점을 강조한다. 그래서 우리는 사실상 그보다 높은 등급의 신뢰도에서 그런 신뢰도의 기준을 구한다는 점, 만약 우리가 아는 '진지한' 사람이 『네이처』가 일류이고 믿을 만한 저널이라고 말하면, 사람들은 대개 그렇다고 믿는다는 점을 예로 들면서 얼마나 많은 암묵적인 신뢰의 등급들이 서로서로에 기초를 두고 형성되는지 쉽게 알 수 있다고 한다.[2] 하물며 내용으로서의 질적 수준을 고려하지 않은 채 형식에만 얽매이거나, 그러한 형식마저도 제대로 갖추지 못한 채 횡설수설하는 글쓰기의 결과로 탄생한 연구 성과나 비평이라면 그것을 어떻게 인정할 수 있을 것인가? 연구논문은 물론이지만 서평 쓰기에 있어서 정확한 글쓰기와 더불어 '인용'한 자료의 정확한 출처 명시가 필요한 이유를 바로 여기에서 찾을 수 있다.

1 이매뉴얼 월러스틴, 유희석 옮김(2007), 『지식의 불확실성』, 창비,
  pp.14~15.
2 이매뉴얼 월러스틴, 유희석 옮김(2007), 위의 책, p.15.

그런데 간접인용을 한 글들을 보면 출처를 표시하긴 했지만
실제로 인용하고 있는 부분이 어디부터 어디까지인지 알 수
없는 경우가 많습니다.

다음의 예시를 보면 마치 마지막 문장만을 인용한 것처럼 보
이는데, 실제로는 첫 문장을 제외한 전체 문장이 원문에서
가져온 것입니다. 이 같은 잘못을 저지르지 않으려면 되도록
인용 분량을 짧게 하거나, 인용표시구 ─"아무개는 ~라고 한
다." 또는 "아무개의 견해를 정리하면 다음과 같다." 등─ 를
사용하는 것이 좋습니다. 또한 간접인용을 할 때에는 원문
을 그대로 가져오기보다는 자신의 글에 맞게 말바꿔 쓰기를
하는 것이 필요합니다.

잘못된 인용의 예

모든 학계를 통틀어 통용되는 사실 중 하나가 바로 "객관적
인 학문적 결과란 없다"는 것이다. 이 말은 그만큼 인문·사회

과학뿐만 아니라 자연과학 분야의 연구자들에게도 주관의 개입이 불가피하다는 뜻을 담고 있다. 이런 학계의 현실에 대하여 '지식의 불확실성'을 주장하는 학자들은 어떤 새로운 과학적 주장이 유효하거나 타당한지 우리는 알 수 없다는 사실을 강조한다.

지식이 복잡하게 전문화하고 각각의 특정한 과학적 진술에 대해 극소수를 제외한 대부분의 사람들은 제출된 증거의 질이나 자료 분석에 적용된 이론적 논거의 엄밀성을 합당하게 판단할 능력이 없다는 것이다. 그러면서 "그것이 사리에 맞는다고 생각하는 근거는 무엇이겠는가?"라고 물으며 이내 스스로 "우리는 저명한 권위에 의해 축적된 증거들을 기준으로 삼는 경향이 있다"고 대답한다. 이어 "우리는 인용된 학자나 저널의 증언에 대한 신뢰도를 어디에서 얻는가?"라는 질문과 함께 그것은 기록된 형태로는 좀처럼 존재하지 않는다는 점, 그래서 우리는 사실상 그보다 높은 등급의 신뢰도에서 그런 신뢰도의 기준을 구한다는 점을 강조한다.

만약 우리가 아는 '진지한' 사람이 『네이처』가 일류이고 믿을 만한 저널이라고 말하면, 사람들은 대개 그렇다고 믿는다는 점을 예로 들면서 얼마나 많은 암묵적인 신뢰의 등급들이 서로서로에 기초를 두고 형성되는지 쉽게 알 수 있다고 한다.[1]

하물며 내용으로서의 질적 수준을 고려하지 않은 채 형식에만 얽매이거나, 그러한 형식마저도 제대로 갖추지 못한 채 횡설수설하는 글쓰기의 결과로 탄생한 연구 성과나 비평이라면 그것을 어떻게 인정할 수 있을 것인가? 연구논문은 물론이지만 서평 쓰기에 있어서 정확한 글쓰기와 더불어 '인용'한 자료의 정확한 출처 명시가 필요한 이유를 바로 여기에서 찾을 수 있다.

---

1 이매뉴얼 월러스틴, 유희석 옮김(2007), 『지식의 불확실성』, 창비, p.15.

(3) 재인용

일반적으로 인용은 인용하는 사람이 해당 원문을 확인하고 직접 인용하는 것이 바람직합니다. 만일 원문을 찾을 수 없다거나 원문을 찾기에는 시간이 부족해서 부득이하게 남이 먼저 인용한 것을 다시 가져올 때에는 원문 출처와 함께 재인용 출처를 밝히고, '재인용'임을 표시해야 합니다. 다음 예시 글을 보도록 하지요.

*출처: 김기태(2005), 『디지털 미디어 시대의 저작권』, 도서출판 이채, pp.19~20.

인쇄매체의 원형은 출판 분야에서 비롯되었다. 베일리(H. S.

Bailey)는 인쇄와 출판의 관계에 대해, "인쇄(printing)는 건축과 마찬가지로 봉사의 예술이다. 인쇄는 출판에 봉사하고, 출판은 문명에 봉사한다"[1]고 하였다. 이 말은 곧 인쇄술이 단순히 출판 활동에만 국한되는 것이 아니라 문명 진보의 주요 조건으로 기능한다는 사실을 강조한 것이다.

결국 인쇄는 인류의 문화를 건설하기 위하여 출판을 포함한 인쇄매체에 봉사하는 수주산업으로 그 공정이 예나 지금이나 매우 복잡하여, 인쇄를 정의한다는 것은 손쉽지가 않다.

---

1 Hebrt S. Bailey(1970), *The Art and Science of Book Publishing*, Austin: University of Texas Press, p.195.

만일 위의 글에서 '허버트 베일리'의 견해를 읽고 새로이 인용하고 싶다면 위에 출처로 제시된 원문 "The Art and Science of Book Publishing"을 찾아 해당 부분을 확인해서 직접 인용하는 것이 바람직합니다. 하지만 원문을 찾을 수 없어 하는 수 없이 위의 글에서 재인용하는 경우, 그 출처를 표시하는 방법은 다음과 같습니다.

Hebrt S. Bailey(1970), The Art and Science of Book Publishing, Austin: University of Texas Press, p.195., 김

기태(2005), 『디지털 미디어 시대의 저작권』, 도서출판 이채, pp.19~20 재인용.

(4) 출처 표시 방법

글을 쓰면서 다른 사람의 글이나 각종 자료 등을 활용할 때에는 그 출처를 정확하게 밝혀주어야 합니다.

그 이유는 무엇보다도 나의 주장이 뜬구름 잡듯이 갑자기 생겨난 게 아니라 든든한 근거와 확실한 자료에서 출발한다는 것을 보여줄 수 있기 때문이지요. 또한 다른 사람이 나보다 먼저 이루어 놓은 공적을 존중하는 태도가 될 뿐만 아니라 나의 글을 읽는 사람들에게 관련 정보를 자세히 친절하게 알려주는 효과도 있기 때문입니다.

이러한 출처는 일반적으로 주석(註釋)과 참고문헌의 형식으로 표시합니다. 주석은 본문 중 인용한 부분을 따옴표 등으로 표시해서 나의 글과 구분하고 해당 부분마다 괄호 안에 표시하는 방법 또는 본문 아래에 각주로 표시하는 방법이 있습니다. 인터넷 자료를 활용하는 경우에는 활용한 자료가 나타나는 주소(URL)를 정확하게 표시하고, 접속한 날의 정보도 함께 적어줍니다.

예시 ···· **인터넷 자료 출처 표시 방법**

○ 인터넷 매체 기사의 경우 : 기사 제목, 인터넷 매체이름, 작성일자, 사이트 주소,
　　　　　　　　　　　　접속일자를 제시합니다.

　인터넷 매체 기사 ▶ "기사 제목", 〈인터넷 매체이름〉, 작성일자, 사이트 주소
　　　　　　　　　　　　(접속일자).

　　"이스라엘은 가자지구 공격을 즉각 중단하라", 〈경향신문〉, 2014. 07. 13, 〈http://
　　　news.khan.co.kr/kh_news/khan_art_view.html?artid=201407132123015&
　　　code=990101〉(접속일: 2014. 07. 13.).
　　"페이스북 감정 조작 실험 파문", 〈프레시안〉, 2014. 07. 03., 〈http://www.
　　　pressian.com/news/article.html?no=118471〉(접속일 2014. 07. 15.).

참고문헌은 본문에서 이용한 저서·논문·칼럼·언론기사 등
을 체계적으로 정리해서 제시한 목록으로, 글의 맨 마지막에
배치합니다. 다만, 주석의 표기 방식과 참고문헌 작성 요령은
학문 분야마다, 연구기관이나 단체마다 다를 수 있습니다. 그
러므로 참고문헌이 들어가는 글을 쓸 때마다 특정기준에 따
라 통일성 있게 작성하면 됩니다.

3. 인용할 때 주의할 점

어려서부터의 습관이 무섭다고 하지요. 오죽하면 "세 살적
버릇 여든까지 간다"고 했을까요. 우리 가정이나 학교를 둘
러싼 사회 환경은 오랜 세월 동안 저작권 보호와 거의 관계
없이 유지되어 왔기 때문에 우리 국민 대다수는 저작권 보
호에 대한 구체적인 방법을 실천해 본 적이 없습니다. 말 그

대로 생활 구석구석에서 '베끼는' 일이 일상적으로 이루어지다 보니 올바른 인용 교육을 받아본 적도 없고, 무엇이 옳고 그른지에 대한 판단조차 스스로 해본 적이 없다는 말이지요. 그렇다면 올바른 인용을 위해서 우리가 반드시 알아야 할 기초지식에는 어떤 것들이 있을까요? 다음과 같은 내용을 다 함께 살펴보도록 하지요.[41]

- 첫째, 저자는 자신의 저작물에 소개, 참조, 논평 등의 방법으로 타인이 작성한 저작물의 일부를 원문 그대로 또는 번역하여 인용할 수 있습니다. 이처럼 다른 저작자의 저작물을 인용할 때에는 해당 인용문을 정확하게 제시해야 하며, 왜곡하거나 논리적 근거가 빈약한 부분만을 제시해서는 안 됩니다.

- 둘째, 저자는 인용의 모든 요소 — 저자명, 저서명, 학술지의 권·호수, 출판사명, 쪽수, 출간년도 등— 를 2차 출처에 의존하지 말고 원 출처에서 직접 확인해야 하며, 다만 불가피한 경우에는 재인용임을 밝히고 인용할 수 있습니다.

---

41 김기태(2010), 『글쓰기에서의 표절과 저작권』, 지식의날개, pp.123~127 참조.

● 셋째, 저자는 피인용 저작물이 인용 저작물과 명확히 구별될 수 있도록 신의성실의 원칙에 입각하여 합리적인 방식으로 인용해야 합니다. 따로 구별되지 않고 그 출처가 밝혀져 있지 않은 부분은 모두 저자가 직접 작성한 글로 간주하며, 그에 따르는 책임을 면할 수 없기 때문이지요.

● 넷째, 저자는 피인용 저작물 저작자의 저작인격권을 존중하여 반드시 공표된 저작물을 인용해야 하며, 공개되지 않은 학술 자료를 논문 심사나 연구 제안서 심사 또는 사적 접촉을 통하여 획득한 경우에는 반드시 해당 연구자의 동의를 얻어 인용해야 합니다. 그렇지 않으면 저작인격권 중 '공표권'[42]을 침해한 것이 되기 때문입니다.

● 다섯째, 저자는 타인이 이미 발표한 저작물에 담긴 이론이나 아이디어를 번안(飜案)해서 자신의 저작물에 소개할 때에는 그 출처를 명시해야 합니다. 즉, 다른 연구자의 생각이나 데이터를 사용할 경우 그 출처를 정확하게 밝혀야 하며, 다른 저작자의 말을 그대로 사용하려면 인용부호로써 표시하고 그 출처를 밝혀야 합니다. 또, 다른 저작자의 말을 자

---

42 저작권법 제11조(공표권) 제1항 "저작자는 그의 저작물을 공표하거나 공표하지 아니할 것을 결정할 권리를 가진다."

신이 쉽게 풀어쓰려면 자신만의 독특한 표현법을 사용하되 원문의 출처를 밝혀야 합니다. 자신의 문체가 원문을 그대로 모방하지 않도록 주의해야 하며, 원문과 비슷한 경우에는 차라리 직접 인용으로 처리하는 것이 좋습니다.

이상에서 살펴본 것처럼 인용에 있어 엄격한 조건과 방식이 요구되는 까닭은 자신의 저작 행위에 있어 정직성을 확보한다는 점, 그리고 다른 저작자들의 생각을 폭넓고도 충분하게 경험할 수 있게 해준다는 점에서 찾을 수 있습니다. 곧 다른 저작자들의 성과물을 올바르게 인용하는 것이야말로 "글쓰기를 통한 작가 및 학자들 간의 멋진 소통"을 추구하는 것이며, 나아가 자신과 견해가 같은지 그렇지 않은지에 관계 없이 다양한 관점과 겨뤄볼 수 있는 최선의 방법이기 때문이지요. 예를 들어, 다른 연구자들의 성과물을 올바르게 인용할 줄 아는 연구자는 그 내용을 자신에게 유리한 방향으로 조작하지 않으면서 자신의 견해와 다른 연구자의 그것을 비교하는, 혹독하면서도 공정한 절차를 통과함으로써 자신의 연구 방법이 갖는 우수성을 증명하게 되는 것이니까요.

학자들의 경우에는 자신이 쉽게 반박할 수 있을 정도로 논리적 근거가 빈약한 이론들만 인용의 대상으로 삼아서는 안

됩니다. 이러한 태도는 비윤리적일 뿐만 아니라 스스로 지적 태만을 인정하는 것이나 마찬가지이기 때문이지요. 자신의 연구 결과 또는 관점과 반대되는 성과물을 골라 정확히 제시하고 비교함으로써 자신의 그것이 더욱 우수하다는 점을 입증할 수 있다면 결과적으로 훨씬 더 설득력을 얻는 동시에 학문적 영향력 또한 높아질 것이기 때문입니다. 앞으로 훌륭한 작가로, 학자로 성장해야 할 학생들에게 학습 윤리가 필요한 이유 또한 다르지 않습니다.

요약해 볼까요

6장 '표절과 저작권 침해는 어떻게 다를까요?'는 많은 사람들이 혼동하고 있는 '표절' 그리고 '저작권 침해'의 정확한 뜻을 살펴보고 있습니다. 표절 행위에 대해서는 윤리적 책임이 부과되는 반면, 저작권을 침해하게 되면 법적 책임이 뒤따른다는 점에서 본질적으로 차이가 있습니다.

····1 '표절'에서는 "다른 사람의 아이디어나 저작물을 가져다 쓰면서 출처를 밝히지 않는 행위"란 무엇인지 살펴봅니다. 특히 글쓰기에 있어 남의 글을 훔쳐다가 마치 자기가 작성한 글인 것처럼 꾸미는 행위가 전형적인 표절의 유형입니다.

····2 '학습 윤리'에서는 "공부하는 사람이라면 누구나 지켜야 할 규칙과 덕목"이란 무엇인지 살펴봅니다. 학습 윤리를 위반하는 행위로는 표절, 위조와 변조, 과제물 구매 및 양도, 중복 제출, 협동학습에서의 무임승차 행위, 대리 출석, 무단조퇴, 시험부정행위 등이 있습니다.

····3 '연구 윤리'에서는 "연구자가 연구를 수행하면서 지켜야 할 원칙이나 행동양식"이란 무엇인지 살펴봅니다. 이 같은 연구 윤리를 위반하는 행위로서의 연구부정행위에는 위조, 변조, 표절, 부당한 저자 표시, 부당한 중복 게재 등이 있습니다. 이처럼 설령 다른 사람에게 직접적인 손실 또는 피해를 주지 않는다 하더라도 '자율적으로 지켜져야 하는 준칙'으로서의 연구 윤리는 중요합니다.

••••4 '표절과 저작권 침해'에서는 윤리적 책임과 법적 책임이란 어떻게 다른지 살펴보고 있습니다. 특히, 저작권 침해가 성립하기 위해서는 창작성이 있는 표현을 복제해야 하며, 의거에 따른 실질적 유사성이 있어야 하고 불법적인 복제에 해당되어야 합니다.

••••5 '패러디와 오마주'에서는 "특정한 작품의 진지한 소재와 태도, 또는 특정 작가의 고유한 문체를 모방해서 그것을 저급하거나 매우 걸맞지 않은 주제에 적용시키는 것"으로서의 패러디와 "감독이 영화를 만들 때 자신이 평소에 존경했던 다른 영화감독에 대한 일종의 헌사로서 특정한 장면을 모방하는 기법"으로서의 오마주에 대해 살펴봅니다. 이 같은 패러디 혹은 오마주를 저작권 침해라고 할 수 없습니다.

마치는 글

○ 법보다 사람이 중요합니다

이제 이 책의 마지막 장을 덮으려고 합니다. 마무리를 하려고 보니 또 다시 고개를 드는 걱정거리는 모든 걸 '법대로' 하려는 생각들이 많아지지는 않을까 하는 점입니다. 4차 산업혁명 시대를 이야기하는 오늘날, 디지털 기술이 발달할수록 그 중요성과 함께 문제점도 커지는 주제가 바로 '저작권'이다 보니 분쟁도 많이 발생하기 때문이지요.

일찍이 여러 석학들이 예견한 대로 모든 가치의 중심이 재화(財貨)에서 지식과 정보로 옮겨가는 요즈음, 저작권의 위력은 가히 폭발적입니다. 여러 해 전 일이지만 '해리포터'를 창조한 작가는 단숨에 영국 최고의 부자가 되었는가 하면, 소프트웨어의 황제는 세계 최고 갑부의 자리를 오르내리는 중입니다.

우리 현대사의 질곡을 문학으로 형상화한 조정래의 대하소설 『태백산맥』이 오래 전 200쇄를 찍고도 여전히 스테디셀러 반열에 있다는 소식도 따지고 보면 저작권의 위력을 과시한 것이며, 초대형 베스트셀러를 일컫는 말인 '밀리언셀러'도 저작권을 행사한 결과의 표현에 다름 아닙니다.

인터넷을 점령하고 있는 수많은 콘텐츠 중에 유료 사이트가 점차 늘어나고 있는 추세도 이러한 저작권이 바탕에 자리 잡고 있기 때문입니다. 나아가 예전 같으면 무심코 지나쳤을 타인의 자기 저작물 이용행위에 대해 이리저리 따져보는 저작권자들이 늘어남으로써 미덕처럼 여겨졌던 저작권 공유의식이 점차 줄어들고 있음을 실감하게 됩니다.

저작권법 제1조를 보면 "이 법은 저작자의 권리와 이에 인접하는 권리를 보호하고 저작물의 공정한 이용을 도모함으로써 문화와 관련 산업의 향상 발전에 이바지함을 목적으로 한다"고 밝히고 있습니다. 이미 살핀 것처럼 일반적으로 '권리'란 "법에서 인정하는 힘"을 가리킵니다.

그런데 이러한 권리는 상대적이어서 행사주체뿐만 아니라 그 대상이 있어야만 성립됩니다. 저작권의 대상은 당연히 저작물 이용자이며, 그렇다면 "공정한 이용을 도모"하기 위해서라도 일방적인 저작권 행사가 아닌 정당한 절차에 의한 이용자와의 협의 또는 합의가 반드시 필요합니다.

법의 사각지대에 놓여 있는 이들의 무지를 틈타 일방적인 권리행사에 나서는 일부 저작권자들의 행태는 비난받아 마땅합니다. 그렇다 보니 다양한 법률 서비스를 통해 정당한 권리자의 권익보호에 앞장서야 할 법조인들이 일부 저작권자들의 몰지각함 등에 업고 누리꾼들의 저작권 침해사례를 찾아내는 데 혈

안이 되고 있는지도 모르겠습니다.

저는 결코 저작권을 침해하는 사람들에 대한 자비가 필요하다고 말하는 것이 아닙니다. 올바른 저작권 의식이 전제되어야 함에도 무조건 '법대로'를 외치는 행태가 못마땅하다는 생각을 떨칠 수 없을 뿐입니다. 문화의 향상 발전을 위해 무엇이 보호받을 만한 가치 있는 저작물이며, 왜 저작권을 보호해야 하는지, 그리고 저작물을 정당하게 이용하는 방법은 어떠한지에 대한 사회적 합의가 필요하다는 생각이 간절합니다.

이런 논의들이 제도권 교육은 물론 가정교육에 있어서도 전혀 언급되지 않는다면, '저작권'을 법으로만 보호한다고 과연 효과가 있을까요?

저작권은 당연히 보호해야 합니다. 인간의 사상과 감정을 표현한 창작물을 통해 세상을 좀더 아름답게 가꾸려는 노력이 전승되려면 저작권은 반드시 지켜져야 할 권리입니다. 그렇기에 최고의 지성을 표방하는 대학가에서 여전히 교재의 불법복제가 성행하고, 어린 학생들 사이에서 불법 사이트 이용이 자연스러운 일처럼 여겨진다면 이는 문화민족임을 자처하는 우리에게 치명적인 모순이 아닐 수 없습니다. 인생의 자양분이 되어야 할 고급 지식과 정보를 저작권과 출판권 같은 고유 권리를 침해한 불법 복제물로부터 얻는 행위는 곧 건강을 염려하면서도 불량식품을 통해 영양분을 섭취하는 일이나 다름없기 때문입니다.

거듭 생각건대, 법으로만 지켜지는 권리는 곧 한계를 드러내게 마련이고, 그 한계는 또 다른 법으로 극복할 수밖에 없습니다. 이제라도 '법보다 사람'이라는 인식 아래 저작권 보호는 공중도덕을 지키는 일이나 한가지라는 믿음이 널리 퍼지기를 바랍니다. 지금 이 순간에도 우리 생활을 더욱 빛나게 해줄 저작물 창작에 여념이 없는 수많은 저작자 여러분의 노고에 찬사를 보냅니다. 그리고 이 책을 선택해 주신 독자 여러분의 밝은 눈길에도 고마운 마음을 전합니다.

감사합니다.

세명대학교 인문학관 연구실에서
김기태

○ 참고문헌

국내문헌

권택영 · 최동호 편역(1985), 『문학비평용어사전』, 새문사

김기태(2010), 『글쓰기에서의 표절과 저작권』, 지식의날개

김기태(2012), 『나도 저작권이 있어요』, 상수리

김기태(2013), 『저작권법 총설』, 형설출판사

김기태(2014), 『응답하라 저작권』, 도서출판 이채

김기태(2016), 『저작권: 카피라이트냐? 카피레프트냐?』, 내인생의책

김기태(2018), 『김기태의 저작권 수업』, 맥스미디어

김기태(2018), 「문예창작 분야에서의 학습 윤리와 연구 윤리」, 한국문예창작학회 편,
    《한국문예창작》 제44호

노병성(2008), 「아날로그와 디지털 텍스트의 독서 패러다임에 관한 고찰」, 한국출판학회 편,
    《한국출판학연구》 제54호 저작권심의조정위원회(1988),
    『저작권용어해설』, 저작권심의조정위원회

정끝별(2017), 『패러디』, 모악

천정환(2003), 『근대의 책 읽기』, 푸른역사
    특허법원 지적재산실무소송연구회 편(2006),
    『지적재산소송실무: 특허 · 실용신안 · 디자인 · 상표』, 박영사

외국문헌

로제 샤르티에 · 굴리엘모 카발로 엮음, 이종삼 옮김(2006),
『읽는다는 것의 역사』, 한국출판마케팅연구소

이매뉴얼 월러스틴, 유희석 옮김(2007), 『지식의 불확실성』, 창비

Hebrt S. Bailey(1970), The Art and Science of Book Publishing, Austin: University of Texas Press

기타 자료

가톨릭대학교 교양교육원(2010), 『가톨릭대학교 대학생 학습 윤리 가이드북』

경제 · 인문사회연구회(2016), 『국책연구기관 연구 윤리 평가규정 및 사례』

고려대학교(2007), 「연구 윤리지침」

국가과학기술인력개발원, 『학습 윤리 가이드: 배우고 익히는 우리의 자세』

특허청 홈페이지 (http://www.kipo.go.kr)

한국연구재단, 「연구 윤리 확보를 위한 지침」

한동대학교(2009), 『한동인을 위한 학습 윤리 가이드북』